Estampagem
e Aprendizagem Inicial

Coleção Estudos
Dirigida por J. Guinsburg

Conselho Editorial: Anatol Rosenfeld, Anita Novinsky, Aracy Amaral, Boris Schnaiderman, Carlos Guilherme Mota, Celso Lafer, Gita K. Guinsburg, Haroldo de Campos, Leyla Perrone-Moisés, Maria de Lourdes Santos Machado, Regina Schnaiderman, Rosa R. Krausz, Sabato Magaldi, Sergio Miceli e Zulmira Ribeiro Tavares

Equipe de realização: Tradução: Dante Moreira Leite; Revisão: Alice K. Miyashiro e Mary Amazonas Leite de Barros; Produção: Geraldo Gerson de Souza; Capa: Moysés Baumstein.

# W. Sluckin

*Professor of Psychology
of the University of Leicester*

ESTAMPAGEM
E APRENDIZAGEM INICIAL

EDITORA PERSPECTIVA

Título do original:
Imprinting and Early Learning

© W. Sluckin, 1964

A edição original foi publicada por
METHUEN & CO. LTD.
London

Direitos para a língua portuguesa reservados à

EDITORA PERSPECTIVA S.A.
1972

EDITORA PERSPECTIVA S.A.
AV. BRIGADEIRO LUÍS ANTÔNIO, 3 025
TELEFONE: 288-6680
SÃO PAULO   BRASIL   01401

Para Tim e Andy

Agradecimentos

O estímulo inicial para escrever este livro me foi dado por Alice, minha mulher, por Vida Carver, bem como pelo Professor C. A. Mace.

Ganhei muito com numerosas discussões com meus amigos Eric Salzen e Keith Taylor, bem como com o Professor Gillmore Lee. Gostaria de agradecer ao Professor Drever a sugestão para usar a expressão "aprendizagem por exposição". Sou muito grato às críticas construtivas que recebi de todos os que tiveram a gentileza de ler o rascunho do livro — meus amigos Douglas Graham, Gillmore Lee, Keith Taylor e Robert Thomson — bem como minha mulher e o Professor Mace; nem é preciso dizer, não são responsáveis pelas falhas que ainda podem ser encontradas no livro. Desejo agradecer aos Drs. G. Gottlieb, E. H. Hess, H. James, H. Moltz e E. A. Salzen a autorização para reproduzir figuras apresentadas em seus trabalhos.

W. S.

Prefácio

A aprendizagem rápida, de um tipo característico, observada em gansinhos, patinhos, pintinhos, etc., e conhecida como estampagem, tem despertado muita atenção nos últimos anos. Em parte considerável, isso resulta dos admiráveis trabalhos de Konrad Lorenz. O contínuo interesse por este campo de pesquisa está ligado à compreensão, entre estudiosos do comportamento, de que a estampagem e processos semelhantes podem ser muito significativos para o desenvolvimento ontogenético de muitas espécies, entre as quais talvez se inclua a nossa. O estudo da estampagem tornou-se uma área de colaboração entre zoólogos, iniciadores da pesquisa, e psicólogos, que logo a aceitaram e ampliaram. Os primeiros trabalhos eram de observações e experimentos no "campo", realizados principalmente na Europa continental. Depois, estudos de laboratório, realizados com controles ambientais mais rigorosos começaram a ser realizados, principalmente nos Estados Unidos e na Grã-Bretanha.

Talvez W. H. Thorpe tenha sido o primeiro a acentuar a importância da estampagem para a compreensão dos mecanismos do instinto e da aprendizagem. Em Cambridge, Hinde, Thorpe e Vince realizaram suas pesquisas pioneiras sobre estampagem em filhotes de frangos d'água e de carquejas. Depois, começaram a ser realizados estudos experimentais em Edimburgo, Durham, Liverpool, Leicester e em outras universidades. Meu interesse pela estampagem foi estimulado pelo trabalho inicial em Cambridge; a partir de então, nas universidades de Durham e Leicester, tenho trabalhado nesse campo.

Este livro é relatório dos trabalhos que estão sendo realizados — como, na verdade, deve ser qualquer relatório sobre um ramo da ciência que se desenvolve rapidamente; pode-se predizer que, nos próximos anos, muitos outros trabalhos experimentais sobre estampagem serão publicados nas revistas especializadas.

Neste livro, tentei, em primeiro lugar, apresentar a história do interesse pela estampagem e por processos semelhantes, bem como considerar a estampagem ao lado de conceitos e estudos empíricos afins. Em segundo lugar, tentei desenhar todo o campo de experimentos que esclarecem a natureza característica da estampagem. Em terceiro lugar, procurei considerar a estampagem com relação ao condicionamento e, especialmente, com relação à aprendizagem inicial. Finalmente, me permiti "pensar alto" a respeito das conseqüências mais amplas da estampagem, e procurei indicar, embora de maneira provisória, a significação dos fatos conhecidos sobre a estampagem para a psicologia educacional, a social e a do anormal.

Leicester, janeiro de 1964

WLADYSLAW SLUCKIN

Sumário

1 Introdução Histórica 3
2 Alguns Conceitos e Termos 21
3 Respostas de Aproximação e Acompanhamento . . 29

    i   MODELOS DE PAIS
   ii   OBJETOS EM MOVIMENTO
  iii   ESTIMULAÇÃO VISUAL INTERMITENTE
  iv   ESTIMULAÇÃO AUDITIVA INTERMITENTE
   v   DIFERENÇAS INDIVIDUAIS
  vi   ATRAÇÃO INICIAL DE OBJETOS
       ESTIMULADORES
 vii   RESPOSTAS FILIAIS E CONDIÇÕES
       AMBIENTAIS
viii   APROXIMAÇÃO E EXPLORAÇÃO

4 O Desenvolvimento de Ligações: I 47

    i   TESTES DE ESTAMPAGEM
   ii   DURAÇÃO DAS LIGAÇÕES
  iii   ESTAMPAGEM E SOCIALIZAÇÃO
  iv   FIXAÇÕES DE CORTE SEXUAL

5 O Desenvolvimento das Ligações: II 71

    i   MOVIMENTO DO SUJEITO
   ii   O AMBIENTE DE MORADIA
  iii   ESTAMPAGEM E DOMESTICAÇÃO

6 O Período Sensível 81

    i PERÍODO CRÍTICO E PERÍODO SENSÍVEL
    ii A ÉPOCA DE APROXIMAÇÃO E ACOMPANHAMENTO
    iii A ÉPOCA CRÍTICA PARA ESTAMPAGEM
    iv RESTRIÇÃO DE EXPOSIÇÃO À ESTIMULAÇÃO
    v O FIM DO PERÍODO SENSÍVEL

7 Medo e Angústia 99

    i O DESENVOLVIMENTO DA TIMIDEZ
    ii MEDO DE FIGURA, DE FUNDO, OU DE AMBOS
    iii MEDO E ESTAMPAGEM
    iv ESTAMPAGEM, ANGÚSTIA E IMPULSOS PRIMÁRIOS

8 Aprendizagem Inicial e Posterior 113

9 Aprendizagem por Reforço e Exposição 119

    i ASSOCIAÇÃO E REFORÇO
    ii INTERAÇÃO DE ESTAMPAGEM E CONDICIONAMENTO
    iii APRENDIZAGEM POR EXPOSIÇÃO
    iv COMPORTAMENTO SEMELHANTE À ESTAMPAGEM, EM HOMENS E ANIMAIS

10 Os Efeitos Duradouros da Experiência Inicial 137

Estampagem
e Aprendizagem Inicial

Introdução Histórica

1 Os filhotes de muitas espécies ficam por certo tempo com seus pais; sem isso, sua sobrevivência estaria ameaçada. Em parte, a grande proximidade entre pais e filhos é provocada pelos cuidados dos primeiros; em parte, por uma tendência de associação dos filhotes. Em muitas espécies, entre as quais a humana, o recém-nascido em grande parte está indefeso, e exige cuidados ou amamentação. Nessas espécies, chamadas *altrícias*, a ligação entre os pais e os filhotes se deve, necessariamente, menos à atividade dos filhotes do que à dos adultos. Nas espécies não-altrícias, às vezes denominadas *precoces*, os indivíduos infantes possuem sentidos bem desenvolvidos, são capazes de locomoção, e contribuem consideravelmente para o estabelecimento de ligações entre eles e os pais.

Nesta categoria estão os filhotes de ungulados — por exemplo, carneiros, cabritos e bezerros — bem como os de algumas outras espécies de mamíferos. Entre os pássaros, as aves pequenas das chamadas espécies nidífugas, que quase sempre fazem ninhos no chão, podem correr ou nadar logo depois de sair do ovo. Esses filhotes de aves — pintinhos domésticos, patinhos e gansinhos — tendem a seguir os pais logo que saem do ovo. A tendência inicial dos filhotes para agarrar-se às figuras dos pais, ou para segui-los, pode ser descrita como inata ou instintiva, com o que se quer dizer que os filhotes não são instruídos para comportar-se dessa maneira filial, e nem precisam aprender isso.

A aproximação e o acompanhamento pelos recém-nascidos ou pela criatura que acaba de sair do ovo são respostas à estimulação. O que é que provoca tais respostas no recém--nascido ativo, e sob que condições aparecem elas? Algumas observações sistemáticas iniciais foram descritas em 1873 por D. A. Spalding, que às suas interessantes observações juntou algumas especulações arrojadas sobre a natureza do instinto. Os estudos de Spalding ficaram conhecidos pela geração atual por causa do Professor J. B. S. Haldane que fez publicar o artigo de Spalding — intitulado "Instinct, with Original Observations on Young Animals" — no ano de 1954, no *British Journal of Animal Behaviour*. Ao considerar algumas "manifestações de instinto", Spalding (1873) escreveu o seguinte:

> Os pintinhos, logo que são capazes de andar, seguem qualquer objeto em movimento. E, guiados apenas pela visão, parecem não ter maior disposição para seguir uma galinha, do que seguir um pato ou um ser humano.

Spalding estava interessado em verificar se alguns aspectos do comportamento de pintinhos, — entre os quais o acompanhamento de objetos em movimento — seriam instintivos ou aprendidos. Para isso, inventou um processo engenhoso pelo qual os pintinhos que acabavam de sair do ovo ficavam em grande parte privados de experiências visuais, de forma que dificilmente poderiam aprender alguma coisa a respeito de seu ambiente visual. Para excluir a possibilidade de que os olhos "pudessem ter tido a oportunidade para receber educação", Spalding "recorreu ao seguinte expediente".

> Eu pegava os ovos imediatamente depois de os pequenos prisioneiros terem começado a abrir o seu caminho, tirava uma parte da casca, e antes que abrissem os olhos colocava em suas cabeças pequenos capacetes que, como tinham um elástico na extremidade inferior, se ajustavam ao pescoço. O material dos capacetes em alguns casos colocava os animais na escuridão completa; em outros, o material era semitransparente.

O processo experimental, nas palavras de Spalding, era o seguinte.

> Eu permitia que ficassem nesse estado de cegueira — a cegueira era muito evidente — de um a três dias. Muitas vezes, as condições em que essas pequenas vítimas da curiosidade humana podiam ver a luz pela primeira vez eram cuidadosamente preparadas.

A seguir, Spalding observou o comportamento dos pintinhos depois de tirar o capacete. A partir de suas observações, concluiu que o ato de bicar, que inclui a capacidade para perceber direção e distância, era instintivo, e não uma habilidade aprendida. Com relação à tendência para seguir objetos em movimento, as observações de Spalding foram as seguintes:

> A capacidade não-adquirida de seguir pela visão foi exemplificada no caso de um pintinho que, depois de perder o capacete, sentou-se reclamando e imóvel por seis minutos, quando, por alguns segundos, coloquei minha mão à sua frente. Quando tirei a mão, o pintinho imediatamente a seguiu, pela visão, para diante e para trás, em volta da mesa.

"O capacete" de outro pintinho "foi retirado quando este tinha três dias de idade". Foi colocado, aproximadamente meia hora depois, "a uma distância em que podia ver e ouvir uma galinha com um pintinho com a mesma idade que ele". "Depois de piar durante aproximadamente um minuto, começou a caminhar para a galinha (. . .)".

Isso é suficiente para a descrição das condições de acompanhamento. Spalding também tinha algo a dizer a respeito das circunstâncias em que o acompanhamento não ocorria. Segundo ele, "uma coisa curiosa"

> ocorreu no caso de três pintinhos nos quais conservei o capacete até que tivessem quase quatro dias de idade — período mais longo do aquele de que falei anteriormente. Quando tirei os capacetes, todos eles mostraram o maior terror de mim, correndo na direção oposta sempre que procurava me aproximar. A mesa em que tirei os capacetes estava à frente de uma janela, e todos eles se batiam contra o vidro como pássaros selvagens. Um deles correu, ficou atrás de alguns livros e, apertando-se num canto, ficou encolhido durante algum tempo. Poderíamos fazer hipóteses sobre o sentido dessa estranha e excepcional selvajaria; mas o fato estranho é suficiente para meu objetivo atual. Qualquer que possa ter sido o sentido dessa mudança marcante em sua constituição mental — se eu lhes tivesse retirado o capacete no dia anterior teriam corrido para mim, em vez de correr para longe — não poderia ter sido resultado de experiência; deve ter resultado, inteiramente, de mudanças em sua organização.

Alguns anos depois, referindo-se ao trabalho de Spalding, William James (1890) afirmou, em seus *Principles of Psychology*, Vol. II, Cap. 24, que "Essas pequenas criaturas mostram instintos opostos de ligação e medo, qualquer um dos quais pode ser excitado pelo mesmo objeto — o homem". James poderia ter dito, para interpretar mais fielmente a opinião de Spalding, que as tendências de aproximação ou medo poderiam ter sido excitadas por qualquer objeto em movimento, de acordo com o período do primeiro encontro do pintinho com esse objeto. Aparentemente, Spalding sugeriu que, geralmente, os pintinhos até três dias de idade se aproximam do primeiro objeto em movimento que vêem e depois o seguem; no entanto, com aproximadamente quatro dias de idade o primeiro objeto em movimento encontrado será evitado e não procurado. Considerando-se as notáveis diferenças individuais de comportamento entre pintinhos (ver Cap. 3), bem como o número muito pequeno de sujeitos realmente observados por Spalding, pode-se discutir se isso é geralmente certo. Apesar disso, poderia ser fundamentalmente certa a opinião de que a timidez se desenvolve gradualmente no animal muito pequeno, e que finalmente supera ou inibe a tendência para aproximar-se de objetos em movimento e segui-los.

É interessante notar que, muitos anos depois das observações de Spalding e das notas de James, Fabricius (1951a), ao estudar, na Finlândia, o comportamento de várias e diferentes espécies de patos selvagens, também observou que os mesmos objetos em movimento que seriam procurados e seguidos por seus patinhos poderiam também, em outros momentos, ou em outras circunstâncias, amendrontá-los. Mais tarde, Ramsay e Hess (1954) confirmaram isso; e Hinde, Thorpe e Vince (1956) verificaram que os objetos que provocam acompanhamento em frangos-d'água e carquejas também podem provocar medo nessas aves; cf. Hinde (1961). A relação entre acompanhamento e medo é um problema curioso. No Cap. 7 são apresentados e discutidos os estudos experimentais que procuram solucioná-lo.

Para Spalding, o pintinho seguiria sua mãe, desde que tivesse oportunidade para fazer isso quando suficientemente pequeno. Se encontrasse a mãe, pela primeira vez, depois do momento oportuno, o pintinho seria indiferente a ela. Spalding apresenta a seguinte descrição do comportamento de um pintinho que encontrou a mãe quando já tinha dez dias de idade.

A galinha seguia-o e procurava atraí-lo de todas as formas; apesar disso, ele a deixava continuamente e corria para casa ou para qualquer pessoa que visse. Continuou a fazer isso, embora fosse batido com um pequeno ramo várias vezes, e até cruelmente maltratado. Foi colocado sob a mãe durante a noite, mas, apesar disso, de manhã fugiu dela.

A conclusão dessas observações poderia ser, apenas, a de que um ato instintivo pode ocorrer em certos períodos da vida do animal, mas não em outros. Poderia haver um momento específico para a apresentação de cada tendência inata. Quando bem jovem, o pintinho se aproxima de qualquer objeto em movimento e depois o segue. Mais tarde, foge de objetos em movimento. Muito mais tarde, a ave apresenta comportamento sexual. De forma semelhante, os mamíferos pequenos se agarram a suas mães, depois brincam, e assim por diante. No entanto, uma conclusão mais importante a ser tirada das observações de Spalding poderia ser a seguinte: na vida do animal, existe um período crítico para a aquisição ou aprendizagem de certos tipos de comportamento. Se, durante esse período crítico, o pintinho não tivesse a experiência da proximidade de sua mãe, nunca mais criaria uma ligação permanente com ela. De modo mais geral, algumas formas de comportamento precisam ser adquiridas durante o período crítico, ou não serão adquiridas.

William James (1890), em seus *Principles of Psychology*, Vol. II, Cap. 24, refere-se à "inibição de instintos por hábitos" e ao que denomina a "lei da transitoriedade". Esta última afirma que "Muitos instintos amadurecem em certa idade e depois desaparecem". Explica isso da seguinte maneira:

(...) durante a época da vivacidade de um instinto, os objetos adequados para excitá-lo são encontrados, forma-se um **hábito** de agir, sobre eles, e isso permanece depois da extinção do instinto original; no entanto, se tais objetos não são encontrados, não se formará um hábito; em período posterior da vida, quando o animal encontra os objetos, deixará de reagir a eles, embora, em época anterior, pudesse fazê-lo instintivamente.

Depois, James refere-se especificamente à tendência para o acompanhamento e às ligações duradouras com os objetos acompanhados. Escreve:

Nos pintinhos e bezerros, (...) é evidente que o instinto de acompanhamento e ligação desaparece depois de poucos dias, e aparece então o instinto de fuga; a conduta da criatura com relação ao homem é decidida pela formação, ou não, de certo hábito durante esses dias.

James sugere que o comportamento que inclui o acompanhamento, e depois a ligação à coisa seguida, é ao mesmo tempo inato e adquirido. Esta combinação de instinto e aprendizagem é o aspecto interessante do desenvolvimento de acompanhamento num animal como a galinha doméstica. Ora, muitos tipos de comportamento são puramente inatos e não aprendidos. De forma semelhante, muitos tipos de comportamento são geralmente aprendidos ou adquiridos. O desenvolvimento de uma ligação através do acompanhamento, descrito por Spalding e James, combina o fator instintivo e o adquirido; o acompanhamento é instintivo, mas a ligação a determinada classe de objeto, ou a preferência por ela, é adquirida. Est: tipo de comportamento despertou muito interesse nos últimos anos: Thorpe (1956, 1963), em seu livro *Learning and Instinct in Animals* (ver também Thorpe, 1951) considera que esse comportamento apresenta "um interesse teórico extraordinário"; o seu estudo, segundo Thorpe, promete esclarecer muito a relação do instinto com "processos plásticos de modo geral".

Talvez fosse errado tirar muitas conclusões das teorias e das limitadas observações de Spalding e William James. Na primeira década deste século, O. Heinroth, na Alemanha, fez novos estudos sobre a resposta de acompanhamento e a formação de ligações de pássaros nidífugos pequenos. Em 1910, Heinroth leu um artigo (publicado em 1911) a respeito de seu trabalho; esse artigo teve muita divulgação vinte anos mais tarde, quando citado pelo pioneiro da Etologia, Konrad Lorenz. Heinroth (1911) descreveu seus estudos sobre cisnes, gansos e patos, realizados de várias perspectivas. Entre outras coisas, Heinroth verificou que os gansinhos — incubados em chocadeiras — não mostravam medo quando a chocadeira era aberta e, depois disso, seguiam as pessoas que estavam perto. Nas palavras de Heinroth:

> Olham para a gente sem mostrar qualquer sinal de medo; e se a gente os pega, ainda que por pequeno período de tempo, dificilmente podemos depois afastá-los. Piam desconsoladamente se a gente se afasta, e logo nos seguem religiosamente. Uma dessas pequenas criaturas ficava contente só de poder agachar-se sob a cadeira em que eu estava sentado, e isso poucas horas depois de eu a ter retirado da chocadeira! Se levamos um desses gansinhos para uma família de gansos com filhotes da mesma idade, a situação usualmente se apresenta da seguinte maneira. A fêmea e o macho olham desconfiados para a pessoa que se aproxima, e ambos tentam, logo que podem, ir para a água e levar os filhotes. Se a gente anda para eles rapidamente, de forma que os filhotes não tenham jeito de fugir, os pais evidentemente se colocam em valente defesa. Esse é o momento para colocar o pequeno órfão na ninhada e sair correndo. Na excitação, os pais inicialmente consideram o recém-chegado como deles, e mostram tendência para defendê-lo logo que o vêem e ouvem em mãos humanas. Mas o pior vem depois. Sequer ocorre ao gansinho tratar os dois pássaros mais velhos como gansos. Corre, piando alto e, se acontece de um ser humano passar por ali, passa a segui-lo; vê os seres humanos como seus pais.

Portanto, um gansinho pode ficar ligado a um ser humano se, logo depois de sair do ovo, encontra apenas seres humanos e não gansos. Isso não é surpreendente. As galinhas são muito usadas para chocar ovos de patos; os patinhos que nascem debaixo de uma galinha passam a segui-la, exatamente como o fazem os pintinhos. Antigos contos populares falam das dificuldades que podem ser criadas por essas ligações mútuas entre galinhas e patinhos.

Lorenz (1935, 1937a) impressionou-se com o fato de um pássaro jovem não reconhecer instintivamente os membros adultos de sua espécie. O seu dom instintivo apenas o predispõe a seguir a primeira coisa em movimento que encontra — usualmente sua mãe, às vezes outro membro de sua espécie, ocasionalmente um membro de outra espécie. No entanto, depois de ter uma pequena experiência com sua mãe, ou com algum outro animal, ou talvez com um ser humano, o jovem animal forma uma ligação duradoura com o indivíduo, ou classe de indivíduos, que inicialmente seguiu. Dizemos que o animal jovem foi estampado com esse indivíduo ou esse tipo de indivíduo; o fenômeno é conhecido com o nome de *estampagem*. A palavra *imprinting,* usada por Lorenz (1937b), num artigo publicado em inglês, é tradução da palavra alemã *Praegung,* usada por Lorenz em outras oportunidades (1935, 1937a).

Gray (1961a) indicou que os termos *"imprinting"* e *"Praegung",* usados por Lorenz, e "einzupraegen", usado anteriormente por Heinroth, tem muitas afinidades com algumas expressões inglesas muito conhecidas — por exemplo, *"to stamp in"* ou *"stamping in"* ("estampar", "cunhar", "marcar"). (Deve-se notar que Spalding usou a frase "the stamp of experience".) Gray pensa que as idéias de Heinroth sobre instinto podem ter sido influenciadas por um filósofo alemão do século XVIII, Reimar (em latim, chamado Reimarus), que, segundo se diz, sustentou que a aprendizagem inicial rápida complementa o comportamento instintivo. Quaisquer que tenham sido as interpretações de Reimar, não era um observador do comportamento animal, e provavelmente nada sabia sobre o fenômeno da estampagem. Isso fica claro através da apresentação dos trabalhos de Reimar pelo seu contemporâneo francês, o naturalista Leroy (ver a edição inglesa das cartas de Leroy, publicadas em 1870, sob o título de "The Intelligence and Perfectibility of Animals from a Philosophic Point of View"), bem como pela apresentação de Brett em sua "History of Psychology" (cf. Brett, 1912 e 1921, e Peters (org.), 1953).

Ora, Spalding observou a tendência do pintinho doméstico recém-saído do ovo para seguir o primeiro objeto em movimento que visse; William James prenunciou o estudo da estampagem ao notar que, ao seguir alguns objetos no início da vida, o animal "forma um hábito" de ligação a essa classe de objetos. Lorenz foi mais longe: especificou, de maneira ousada, as características da estampagem. O trabalho de Lorenz é claro e vivo; o atual interesse pela estampagem, onde se incluem as importantes conseqüências para a Psicologia, deriva quase inteiramente das primeiras observações e das teorias de Lorenz a respeito dessa forma de comportamento humano. A concepção inicial de Lorenz a respeito da estampagem era bem definida; portanto, não é de admirar que, à medida que os dados começaram a acumular-se, essa concepção tenha sido alvo de muitas críticas. No entanto, as críticas posteriores, por mais válidas que tenham sido, apenas acentuam a grande contribuição inicial de Lorenz.

Quais eram, precisamente, as primeiras interpretações de Lorenz a respeito da estampagem? Lorenz (1935) escreveu o seguinte:

> O processo de estampagem difere radicalmente da aquisição dos objetos de outros atos instintivos, cujo mecanismo de liberação não é inato. Enquanto no último caso o objeto sempre parece adquirido por auto-instrução, ou aprendizagem, a estampagem tem vários aspectos que a distinguem, fundamentalmente, de um processo de aprendizagem. Não tem paralelo na psicologia de qualquer outro animal, menos ainda em mamíferos. No entanto, eu indicaria algumas analogias na psicologia humana, e que aparecem sob a forma de fixações patológicas no objeto de um instinto.
>
> O primeiro dos aspectos que distinguem a estampagem da aprendizagem comum é que a aquisição de objeto só pode ocorrer dentro de um curto período crítico na vida de um indivíduo. Em outras palavras, para sua efetivação, há necessidade de um estado fisiológico específico no desenvolvimento do jovem animal.
>
> Em segundo lugar, uma vez passado o período fisiologicamente crítico, o animal conhece o objeto estampado de suas reações inatas a um membro da espécie exatamente como se esse conhecimento fosse inato. Não pode ser esquecido! No entanto, como C. Bühler (1927) o indica, o esquecimento é essencial para qualquer coisa aprendida! Evidentemente, como nosso conhecimento nesse campo está apenas em seu início, é ainda muito cedo para dizer, definitivamente, que o processo de estampagem seja irreversível. Infiro que o seja a partir de um fato, freqüentemente observado com pássaros criados na mão. Uma vez que suas reações sociais instintivas sejam transpostas para um ser humano, seu comportamento não apresenta a menor mudança, mesmo que depois sejam conservados, durante anos, com outros membros de sua espécie e sem companhia humana.

Podemos citar outras frases de Lorenz: "o comportamento posterior é determinado num período crítico" e "este processo de determinação é irreversível". Evidentemente, poder-se-ia dizer que tais aspectos do desenvolvimento do comportamento podem ser característicos de toda aprendizagem. Em primeiro lugar, qualquer comportamento adquirido é às vezes adquirido em certo estádio crítico da vida do indivíduo; por exemplo, parece que, na aprendizagem de uma língua estrangeira, um "sotaque correto" só pode ser adquirido na infância. Em segundo lugar, grande parte da aprendizagem comum é irreversível; a capacidade adquirida para nadar ou andar de bicicleta na realidade nunca é esquecida. No entanto, em seus primeiros trabalhos Lorenz acentuou que a estampagem não tem "qualquer dos sinais essenciais da instrução". Realmente, escreveu (Lorenz, 1937a) o seguinte:

> O animal não age de acordo com o princípio de ensaio e erro, que é o que faz ao adquirir um encadeamento instinto-instrução; não é conduzido por prêmio e castigo. Ao contrário, uma exposição muito limitada no tempo determina todo o comportamento subseqüente, sem — e isso é essencial — que esse comportamento tenha sido necessariamente praticado antes de o estímulo tornar-se efetivo. Isso é muito evidente nos casos em que há um considerável período de tempo entre a operação dos estímulos determinantes do objeto e a descarga do ato instintivo. Assim, na medida em que tenho podido observar, o objeto do comportamento inato de acasalamento da gralha (*Coloeus monedula spermulugus*) já está determinado durante o período em que o pássaro está no ninho. Gralhas jovens que sejam apanhadas por seres humanos mais ou menos na época em que ficam empenadas transferem para os seres humanos as ações, normalmente dirigidas para os seus pais; mas já é muito tarde para a transferência de seu comportamento sexual. Este ciclo só passa para os seres humanos se os animais forem adotados muito mais cedo. Um ganso almiscarado (*Cairina moschata*), incubado com quatro irmãos por um par de gansos cinzentos, e tratado por eles durante sete semanas, depois mostrou que estava ligado aos irmãos, isto é, à sua espécie, em todas as suas atividades sociais. No entanto, quando suas reações de acasalamento foram despertadas no ano seguinte, focalizaram a espécie de seus pais adotivos, aos quais não prestara atenção durante mais de dez meses.

Nos últimos anos, as interpretações de Lorenz passaram por certa transformação. Assim, vinte anos depois da publicação de seu famoso artigo "Der Kumpan in der Umwelt des Vogels", Lorenz (1955), numa contribuição a um simpósio realizado nos Estados Unidos, apresentou a opinião de que "a estampagem se estreita em aprendizagem" e que "a estampagem é nitidamente um tipo de condicionamento".

No entanto, as notáveis interpretações iniciais de Lorenz estimularam muitas pesquisas empíricas sérias. Algumas afirmações, como a abaixo citada, eram consideradas pelos estudiosos do comportamento como um desafio a eles. Lorenz (1937) escreveu:

(...) Desejo chamar a atenção do leitor, especificamente, para os aspectos em que esse processo difere do que denominamos aprendizagem por associação. 1) O processo se limita a período muito definido da vida individual, um período que, em muitos casos, é de duração extremamente pequena; o período durante o qual a perdiz pequena obtém suas reações de acompanhamento dos pais, condicionadas ao seu objeto, dura literalmente poucas horas; começa quando o filhote está se "enxugando" e termina antes que seja capaz de ficar de pé. 2) O processo, uma vez efetivado, é totalmente irreversível, de forma que, a partir de então, a reação se apresenta como uma resposta "incondicionada" ou puramente instintiva. Essa rigidez absoluta é algo que nunca encontramos em comportamento adquirido por aprendizagem associativa, que pode ser desaprendida ou modificada, pelo menos até certo ponto.

O tipo de prova apresentado para a aparente irreversibilidade da estampagem pode ser encontrado na citação anterior, em que Lorenz se referia a um ganso almiscarado, tão indelevelmente estampado por seus pais adotivos, gansos cinzentos, que depois dirigia suas atividades de acasalamento para aves desta espécie. Lorenz (1937b) sustentou que, inicialmente, Heinroth não conseguia criar corvos, galinhas e outros pássaros na mão porque esses pássaros mansos tinham sido estampados por seus tratadores humanos, e não por membros de suas espécies, e conseqüentemente não cortejavam e não se acasalavam com membros de suas espécies. Ora, já tinha havido descrições anteriores de atividades sexuais de pássaros, voltadas para indivíduos de espécies diferentes da sua; Craig (1908) e Carr (1919) apresentaram observações de pássaros, feitas por Whitman, o zoólogo norte-americano cujos trabalhos foram publicados postumamente por Carr; posteriormente, houve muitas descrições de fixações sexuais de animais a objetos inadequados. Todas essas descrições são resenhadas e discutidas com certa minúcia no Cap. 4.

Quando, nos meados da década de 1930, Lorenz descreveu pela primeira vez o fenômeno da estampagem, poucos fatos eram conhecidos a respeito das condições da ocorrência de respostas de aproximação e afastamento em animais bem pequenos, e a respeito da maneira pela qual os animais nessa fase desenvolvem ligações, entre as quais as fixações sexuais, com objetos que seguiram inicialmente. Lorenz disse que, embora Heinroth tivesse inicialmente conseguido estampar gansinhos, tinha verificado que os patinhos incubados em chocadeira fugiam à vista do homem. No entanto, Lorenz (1935), ao imitar o grasnar dos patos, tinha conseguido a estampagem de patinhos selvagens que ficaram ligados a ele. Na realidade, anos depois conseguiu certa fama com o grande público ao cacarejar, "de quatro", diante de uma família de patinhos; cf. Lorenz (1952).

Foi Fabricius (1951a, b) quem realizou os primeiros estudos contemporâneos de pesquisa, cujo interesse fundamental era a estampagem. Antes, no entanto, Cushing e Ramsay (1949) fizeram referência à estampagem em sua pesquisa de fatores não-herdados de unidade de família em várias espécies de pássaros nidífugos: codorniz, peru, faisão, pato de Moscou, pato doméstico e galinha doméstica. Observaram a formação de várias famílias mistas, cada uma das quais formada por uma fêmea adulta e vários filhotes, além dos seus. Cushing e Ramsay concluíram que os laços de família, nos pássaros, se estabelecem "em conseqüência de condicionamento ou estampagem que atuam no momento em que os pássaros saem do ovo".

No entanto, Fabricius foi ainda mais longe em suas pesquisas. Usando algumas espécies de patos selvagens — como o padejador (*shoveller*), o tropetudo e o êider — observou as reações de aproximação de patinhos recém-saídos do ovo a alguns objetos relativamente grandes e colocados em espaço aberto. Mostrou que os patinhos selvagens poderiam ser facilmente estampados por vários objetos em movimento. Os resultados de Fabricius, referentes a vários aspectos da estampagem, são considerados com relativa minúcia em capítulos posteriores. Mais tarde, Fabricius realizou algumas pesquisas sobre estampagem na Wildfowl Trust Station, em Slimbridge, Gloucestershire; cf. Fabricius e Boyd (1954) e Fabricius (1955). Não demorou muito para que as pesquisas sobre estampagem também começassem a ser feitas na Delta Waterfowl Research Station, em Manitoba, no Canadá; ver Nice (1953) e Collias e Collias (1956).

As últimas pesquisas mencionadas usaram espécies selvagens como sujeitos. Uma pesquisa inicial e sistemática sobre estampagem em aves domésticas jovens — patinhos, pintinhos e peruzinhos — foi realizada nos Estados Unidos por Ramsay (1951). Este usou patos do mato e galinhas

White Rock para criar ninhadas de pintinhos, peruzinhos e patinhos. Também usou uma caixa em movimento e uma bola para provocar o acompanhamento nessas aves pequenas. Outros experimentos de laboratório foram realizados por Ramsay e Hess (1954). Nesses experimentos, patos selvagens foram estampados com um modelo de cisne, tão semelhante quanto possível a um cisne real; muitos dados referentes à estampagem foram conseguidos dessa forma. Mais ou menos a partir dessa época, número cada vez maior de experimentos sobre estampagem começou em diferentes centros de pesquisa.

Alguns anos antes, Alley e Boyd (1950) procuraram estudar, em carquejas pequenas, não tanto a estampagem quanto as condições em que as carquejas pequenas reconheceriam seus pais. Alley e Boyd admitiram que o primeiro estádio dessa aprendizagem consistia na aprendizagem para discriminar entre as características gerais da espécie de carqueja e as de outras criaturas em movimento. Pensaram que o desenvolvimento dessa capacidade estivesse associada à estampagem de jovens carquejas por seus pais. No entanto, esses pesquisadores também verificaram que as pequenas carquejas no início seguiriam mais ou menos facilmente qualquer objeto em movimento e com o tamanho adequado, ou se aproximariam da fonte de um grito artificial de carqueja. Alley e Boyd pensaram que as carquejas pequenas só começavam a temer seres humanos depois de ficarem estampadas por carquejas adultas, o que ocorreria aproximadamente aos dois dias de idade. Pode-se notar que tais resultados sugerem que o medo poderia ser uma *conseqüência* da estampagem. Isso se opõe à opinião antes apresentada — inicialmente suposta por Spalding, e depois explicitada por Hinde, Thorpe e Vince (1956) e outros — segundo a qual o medo surge durante a maturação, e é independente da estampagem. No entanto, o problema da relação entre medo e estampagem será tratado minuciosamente no Cap. 7.

Se a estampagem é a base para o reconhecimento de sua espécie pelos animais jovens, a socialização, ou tendência dos membros da mesma espécie para se reunir, pode ter as mesmas raízes. Essa foi a opinião apresentada (1952) e mais tarde desenvolvida por Collias (1962). Na realidade, um comportamento originalmente estudado por Collias foi o comportamento de pintinhos domésticos isolados, colocados num longo canal, que respondiam ao cacarejo que vinha de alto-falantes situados numa das extremidades do canal;

como se esperava, os pintinhos "ingênuos" respondiam ao cacarejo aproximando-se da fonte de som. Esse e outros aspectos do trabalho de Collias são considerados no Cap. 3. Aqui, será suficiente mencionar que, a partir de várias outras pesquisas, Collias chegou à conclusão de que os pintinhos se tornam ligados, não apenas ao som e à vista da galinha--mãe, mas também aos de outros pintinhos. Isso, segundo Collias, acontecia na seqüência normal de acontecimentos, e era o primeiro passo para a socialização da galinha. Em sua interpretação, a sociabilidade de muitos animais começa com essas ligações sociais iniciais, e é depois fortalecida por aprendizagem de associação. A estampagem como fator de socialização é considerada com certa minúcia no Cap. 4.

Em retrospecto, parece que um estádio importante no estudo da estampagem foi atingido em 1956. Vários relatórios de novas pesquisas foram publicados — por ex., Jaynes (1956), Klopfer (1956) e, mais importante do que todos eles, a minuciosa descrição de Hinde, Thorpe e Vince (1956) quanto a seus experimentos com carquejas e frangos-d'água. Tais experimentos procuravam, em parte, verificar o caráter dos estímulos que provocavam acompanhamento. As condições necessárias para o estabelecimento de respostas de acompanhamento em carquejas e frangos-d'água pequenos foram minuciosamente examinadas. Além disso, foram também obtidos dados sobre o período sensível para a estampagem. Apresentaram também várias sugestões teóricas. No mesmo ano foi publicado o livro de W. H. Thorpe, *Learning and Instinct in Animals* (1956). O livro de Thorpe contribuiu pelo menos de três formas para o estudo da estampagem. Em primeiro lugar, resenhou as descrições anteriores de estampagem e fenômenos semelhantes em muitas espécies diferentes. Em segundo lugar, acentuou a importância da estampagem na natureza, e chamou a atenção para a necessidade de outras pesquisas nesse campo. Em terceiro lugar, sumariou e classificou o conhecimento sobre estampagem que tinha sido obtido até meados da década de 1950.

Quanto a esse último aspecto, deve-se lembrar que as principais publicações de Lorenz a respeito de estampagem apareceram pouco antes da guerra, em 1935 e 1937. Mais de uma década depois, as características de estampagem começaram a ser seriamente consideradas novamente pelo grupo de estudiosos de comportamento animal em Cambridge;

cf. Thorpe (1951, 1955); Hinde (1955a, 1955b). Thorpe (1956), depois de considerar os dados então disponíveis, concluiu que "sob os seguintes aspectos a estampagem é característica" (a apresentação não foi modificada na edição de 1963 do mesmo livro):

1) O processo se limita a período muito definido e curto na vida individual, e talvez também a determinado conjunto de circunstâncias ambientais. 2) Uma vez realizado, freqüentemente é muito estável em alguns casos, talvez totalmente irreversível. 3) Muitas vezes é completado muito antes de várias reações específicas às quais o padrão estampado finalmente ficará ligado. 4) É aprendizagem supra-individual — uma aprendizagem das características amplas da **espécie** — pois, se assim não fosse, e se o pássaro nessa idade aprendesse (como o pode fazer facilmente mais tarde) as características individuais de seu companheiro, o efeito biológico ficaria frustrado.

Apresentações semelhantes das características da estampagem podem ser encontradas em outros autores; ver, por exemplo, Hinde (1959).

Originalmente, o termo estampagem foi aplicado apenas a ligações enraizadas nas respostas de aproximação e acompanhamento de gansinhos, patinhos, pintinhos e assim por diante. Embora possa haver estampagem a sons específicos, — tal como ocorre com os filhotes de uma espécie de patos que fazem ninhos em buracos, e descritos por Klopfer (1959a, b), usualmente é uma ligação visual a alguma figura em movimento. Ora, considerando-se as descrições de comportamento aparentemente semelhante nos filhotes de várias espécies de mamíferos, pareceu razoável usar mais livremente o termo estampagem; cf. Hediger (1955) e Thorpe (1956, 1963).

Sabe-se que os cordeiros seguem aqueles que os alimentam na mamadeira. Já se disse que, mesmo depois de esses animais serem desmamados e se juntarem ao rebanho, aproximam-se do tratador e, sempre que têm oportunidade, ficam perto dele. Em casos desse tipo, o "amor à mamadeira" poderia ser o principal fator na ligação dos animais às pessoas; no entanto, não se pode afastar inteiramente a possibilidade de estampagem. Grabowski (1941) descreveu um caso de grande devoção de um cordeiro ao seu tratador humano. Scott (1945) mostrou que um cordeiro criado com mamadeira, por ele e sua mulher, nos primeiros dias de vida, ficou muito ligado a pessoas. Hediger (1955) citou descrições anteriores de dois filhotes de carneiros selvagens da Córsega (*Ovis musimon*) que acompanhavam a moça que tratava deles. Também citou casos de filhotes de búfalos que, quando separados de suas mães, seguiam os cavalos dos caçadores. Um filhote de zebra recém-nascido ficou, segundo se diz, ligado a um carro em movimento, correndo atrás dele e recusando-se a ser levado para outro local. Há também descrições de respostas de acompanhamento em filhotes do veado vermelho. Mais recentemente, Altmann (1958) descreveu uma tendência para "acompanhamento", e semelhante à estampagem, em filhotes de alces americanos. Há também descrições, apresentadas por Hess (1959a) e Shipley (1963), de estampagem em cobaia doméstica.

Na medida em que a estampagem é um tipo especial de aprendizagem — rápida, duradoura e não provocada por prêmios, como o alimento ou a água — alguns outros tipos de aprendizagem podem ser considerados como sendo mais ou menos semelhantes à estampagem. Thorpe (1956, 1963) cita vários exemplos dessa aprendizagem em insetos. Um dos mais notáveis é talvez o caso antes apresentado por Thorpe (1944), a partir de descrições anteriores: o de filhotes machos de uma espécie de gafanhotos que podem cantar com "alternância rítmica", respondendo a sons artificialmente provocados e de várias freqüências; os machos adultos desses gafanhotos cantam de acordo com sua espécie, como se em decorrência de estampagem. No entanto, parece que compreendemos melhor a aprendizagem de diferentes cantos por pássaros. O caso mais rigorosamente pesquisado é o do tentilhão. Collias e Joos (1953) descrevem o espectrógrafo acústico que permite uma análise harmônica de sons, através da qual é possível analisar os cantos dos pássaros e compará-los entre si. Com o auxílio desse instrumento, Thorpe (1964) verificou que o canto do tentilhão tem uma "base inata muito limitada". Os refinamentos do canto são aprendidos. Essa aprendizagem auditiva, semelhante à estampagem, parece ocorrer parcialmente nas primeiras semanas da vida do pássaro e, em parte, durante a sua primeira primavera. As variações de canto do tentilhão, encontradas em várias partes do país, parecem devidas a essa aprendizagem. No entanto, no Cap. 9 são considerados mais minuciosamente vários tipos de comportamento semelhante à estampagem.

Também no Cap. 9 consideraremos sugestões e especulações sobre a estampagem em seres humanos. Até que ponto o estudo da estampagem tem importância para o comportamento humano é um problema discutido, e será considerado no último capítulo do livro (Cap. 10).

A esta altura, podemos perguntar quais são os fundamentos para considerar certos tipos de comportamento adquirido como próximos da estampagem, no sentido original do termo, encontrado em Lorenz. Em primeiro lugar, a aprendizagem por aves pequenas, durante o acompanhamento, pode, evidentemente, não se distinguir facilmente — como o acentua corretamente Hinde (1961) — da aprendizagem "que ocorre durante a alimentação e o período de choco dos pais". Em segundo lugar, a aprendizagem semelhante à estampagem, em situações em que não há acompanhamento, pode apresentar dificuldade para uma distinção diante da aprendizagem comum com prêmio. Diz-se que o comportamento adquirido é semelhante à estampagem sempre que pareça conformar-se às características da estampagem, descritas, por exemplo, por Thorpe (1956), e anteriormente citadas neste capítulo.

No entanto, muitas pesquisas de laboratório sobre os fenômenos de estampagem foram realizadas no fim da década de 1950 e na de 1960. Diferentes aspectos da estampagem foram examinados e reexaminados. Hoje, como veremos nos capítulos seguintes, dada uma compreensão mais ampla, a reversibilidade, isto é, o período crítico, e muitas outras características da estampagem parecem menos decisivas. Embora, sob alguns aspectos, a estampagem seja hoje vista como muito mais semelhante a outras formas de aprendizagem (por ex., Hinde, 1955a; Moltz, 1960; Sluckin e Salzen, 1961), sob outros aspectos, a diferença entre aprendizagem semelhante à estampagem e outras formas de aprendizagem é hoje mais clara e mais nítida (por ex., Hess, 1959a; Sluckin e Salzen, 1961; Sluckin, 1962).

Para definir a estampagem, é difícil dizer alguma coisa que não possa ser discutida. No entanto, geralmente se admite que o termo, em seu sentido empírico, refere-se à formação, por filhotes de pássaros precoces, de ligações relativamente específicas. Estas se desenvolvem a partir de respostas iniciais de aproximação e acompanhamento e não se estabelecem por condicionamento convencional que emprega prêmios — por ex., alimento e água (cf. Moltz, 1960, 1963). No entanto, como veremos em capítulos posteriores, a aproximação e o acompanhamento não são decisivos para a estampagem. A ligação com qualquer configuração de estímulos pode ser formada pelo organismo, em conseqüência de *exposição* a tais estímulos. Se isso é verdade, a exposição a qualquer estimulação sensorial, desde que leve a qualquer tipo de ligação com essa estimulação, pode ser semelhante aos fenômenos de estampagem. Uma afirmação desse tipo é muito vaga e muito imprecisa para servir como meio seguro para distinguir entre o comportamento adquirido de forma semelhante à da estampagem e o comportamento adquirido por outras formas. Ao mesmo tempo, as referências, feitas neste parágrafo, a estampagem no sentido inicial e no sentido amplo, podem ajudar a indicar a amplitude de nossos propósitos. No capítulo seguinte consideraremos rapidamente alguns conceitos e termos próximos de estampagem; depois, faremos uma resenha dos resultados de pesquisa e veremos as conclusões que deles podem ser tiradas.

Alguns Conceitos e Termos

2 As figuras em movimento são apenas um, entre os muitos tipos de estimulação que podem atrair indivíduos recém-nascidos. Os pássaros precoces também respondem positivamente a alguns ruídos, podem ser atraídos por contato, e evidentemente procuram o calor. Alguns mamíferos recém-nascidos se aproximam de objetos em movimento; provavelmente todos respondem a contato na face com um movimento de cabeça; alguns reagem ao contato de algumas texturas agarrando os objetos que as apresenta, e assim por diante. Um padrão inato de respostas normalmente une o recém-nascido com sua mãe, ou com sua substituta. E, com o tempo, tais ligações se tornam mais ou menos exclusivas. Como já vimos, o termo estampagem inicialmente se referia à formação de ligações decorrentes de respostas de aproximação e acompanhamento. No entanto, não existe razão especial para que as ligações que se desenvolvem a partir de outras respostas — por exemplo, agarrar e pendurar-se — não devam ser também classificadas como estampagem.

Está claro que alguns tipos de estimulação atraem, enquanto outros afastam o filhote recém-nascido ou que acaba de sair do ovo. A qualidade atraente ou não da estimulação é inferida, em primeiro lugar, dos movimentos do recém-nascido. Em última análise, a aproximação e o afastamento são os únicos termos objetivos que indicam o estado de motivação do animal (Schneirla, 1959). No entanto, diferentes sons emitidos pelos animais são freqüentemente ligados a seus movimentos de aproximação ou afastamento com relação às fontes de estimulação. Por isso, muitas vezes é possível julgar o estado de motivação de um animal a partir do tipo de ruídos que faz.

Considere-se, por exemplo, o pintinho doméstico. Quando está perdido, sente frio ou fome, o pintinho emite pios altos, com altura descendente, geralmente conhecidos como gritos de mal-estar. Quando volta à figura maternal, ou ao calor, e, já um pouco mais velho, quando volta ao alimento, o pintinho emite notas mais calmas, relativamente altas, com rápidos chilreios, e que os estudantes de comportamento de pintinhos conhecem como pios de prazer, alegria ou contentamento. Normalmente se observa que o pintinho tende a afastar-se de objetos ou situações que despertam pios de mal-estar, e aproximar-se dos que estimulam pios de alegria (ver Collias, 1952, 1962). Os dois tipos de pios apresentados pelo pintinho já foram analisados espectrograficamente por Collias e Joos (1953); embora muito distintos para o ouvido, os registros são ainda mais distintos para os olhos.

Na natureza, a galinha-mãe apresenta a estimulação visual, auditiva e tátil que atrai os pintinhos e provoca pios de prazer. Também o calor vem da galinha-mãe, e o alimento tende talvez a estar associado à sua presença. No entanto, como já foi dito antes, o pintinho não se liga fundamentalmente, ou talvez não se ligue de maneira alguma, à figura maternal por causa de calor ou alimento. Isso é verificado por experimentos, mais adiante descritos, em que as ligações foram formadas apesar de, nesses objetos de tais ligações, nitidamente nada haver que tivesse qualquer valor físico tangível para o animal. Em outras palavras, a estampagem não depende da presença de recompensas fisiológicas — do tipo das usadas em condicionamento convencional.

O bebê do macaco reso apresenta algumas respostas reflexas à estimulação dada pela macaca-mãe, e abraçar é provavelmente a mais significativa de todas elas. Pode-se dizer que a ligação do macaco-bebê à sua mãe se desenvolve a partir de respostas iniciais inatas a ela (Harlow e Zimmermann, 1958, 1959; Harlow, 1958, 1959, 1960, 1961, 1962). A exposição inicial do macaco-bebê à sua mãe liga-o a ela, mais ou menos como as experiências iniciais do pintinho o ligam à galinha-mãe.

Os macacos recém-nascidos são amamentados pela mãe. De acordo com a teoria de aprendizagem por reforço, seria necessário supor que a ligação do macaco-bebê com a mãe se desenvolva à medida que o bebê aprende a associar os aspectos da mãe ao alívio de fome e sede que é dado pelo leito materno. Essa suposição pode ser posta à prova, o que foi feito em ampla escala por Harlow e seus colaboradores na Universidade de Wisconsin.

Os pesquisadores fizeram uma separação entre as qualidades de estimulação sensorial dadas por uma macaca-mãe e a fonte de leite que ela normalmente representa. Em resumo, foram usadas duas "imitações inanimadas de mãe", — e cada uma delas era um cilindro com o tamanho aproximado de um macaco adulto, colocado a certo ângulo do solo. Um cilindro era feito de arame e tinha um bico com leite; essa era a "mãe de arame". O outro cilindro era feito de madeira coberta com pano macio; essa era a "mãe de pano". Os macacos-bebês do experimento ficavam mais tempo abraçados à mãe de pano do que à mãe de arame que lhes dava leite. Além disso, mais tarde, os bebês deram sinais indiscutíveis de ligação à mãe de pano e não à mãe de arame. Estava claro que a aparente afeição à mãe de pano, bem como a ligação com ela, não podiam ser devidas ao prêmio fisiológico do leite. Aparentemente, a ligação se desenvolveu apenas como conseqüência da exposição inicial do bebê e de suas respostas à estimulação sensorial dada pela mãe de pano.

Nos Caps. 9 e 10 veremos que a afeição dos bebês humanos por suas mães e suas ligações com elas também podem ser assim explicadas. Em resumo, a "ligação da criança à sua mãe" se desenvolve a partir de "respostas componentes do estímulo" (Bowlby, 1958). A ligação com a mãe pode ser muito intensificada pelos prêmios que ela dá, mas, na opinião de Bowlby, não surge inteiramente do fato de aprender a associar a figura maternal ao alívio de suas necessidades primárias.

Os estímulos liberadores, ou perceptos iniciais, "disparam" na criança algumas respostas. Mais tarde, tais perceptos podem ser capazes de "ligação" com determinados padrões de comportamento afetivo. Talvez se possa dizer que, através da estampagem, alguns perceptos podem adquirir um valor relativamente permanente de "liberação" (Mace, 1962). Essa é uma forma interessante de interpretar alguns aspectos do desenvolvimento de afeições e desafeições, atitudes, sentimentos, preferências e idiossincrasias.

Evidentemente, essa não é uma forma inteiramente nova de pensar. E não parecerá estranha aos que conhecem a maneira de Gardner Murphy pensar no problema do desenvolvimento da personalidade (Murphy, 1947). Murphy usa o conceito de canalização para explicar alguns aspectos do desenvolvimento da personalidade. Sustenta que, em cada ser humano, uma tendência geral, inata e inicial, para responder a estímulos de certas classes se torna, com o tempo, menos geral; com o passar do tempo, as respostas se tornam canalizadas para amplitude menor de estímulos, isto é, aos estímulos familiares. Existe uma tendência para que as coisas conhecidas "se tornem cada vez mais apreciadas". Na medida em que tem sentido dizer que existe uma necessidade para perceber (cf. Nissen, 1954), com o tempo isso se desenvolve numa necessidade para perceber o familiar. Segundo Murphy, a canalização é uma forma de aprendizagem que deve ser contrastada com o condicionamento. Como exemplos de canalização, Murphy (1947) cita algumas preferências e ligações características, observadas em pombos domésticos e selvagens, por Craig (1914) e Whitman (1919). Essas foram as mesmas observações citadas como casos de estampagem.

Em livro posterior (*Human Potentialities*, Cap. 5), Murphy (1960) também considera "conceitos que se assemelham ao conceito de canalização": as catexes de Freud, o sentimento de McDougall e a autonomia funcional de Allport. Acima de tudo, segundo Murphy (1960), a canalização é muito semelhante à estampagem suposta pelos primeiros "experimentadores naturalistas". No entanto, a superposição de conceitos apresenta problemas complexos que estão fora dos objetivos deste livro.

No desenvolvimento da estampagem, e das respostas de afeto, a primeira fase é "adiência" ou aproximação. No capítulo seguinte faremos distinção entre respostas de aproximação-e-parada, vistas na estampagem, e respostas de aproximação-e-saída, vistas no comportamento exploratório. No Cap. 3, nosso interesse principal estará voltado para respostas de aproximação-e-parada. Essas são as respostas filiais iniciais a determinadas configurações de estímulo. Para maior concisão, as configurações de estímulo podem ser denominadas figuras. O capítulo seguinte é destinado ao exame do caráter das figuras que despertam respostas de aproximação-e-parada e acompanhamento.

Indicamos, repetidamente, que o fato de ficar com determinada figura pode ter como resultado uma ligação com essa figura. Como se avalia essa ligação? Fundamentalmente, a ligação pode ser verificada de duas formas: pelo teste de reconhecimento e pelo teste de discriminação. Tais critérios de estampagem serão considerados com certa minúcia no Cap. 4. No entanto, aqui é conveniente indicar o que são, e mostrar sua relação com testes de ligação, usados por Harlow e outros em seus estudos sobre o desenvolvimento de padrões de comportamento afetivo em macacos.

Considere-se, em primeiro lugar, o teste de reconhecimento de estampagem. A fim de verificar se qualquer processo leva a estampagem, alguns sujeitos — por exemplo, pintinhos ou patinhos — são "instruídos" individualmente com certa figura. Posteriormente, comparam-se as respostas dos sujeitos experimentados à figura com as respostas de sujeitos de controle que não receberam qualquer instrução. Se os sujeitos do grupo experimental se aproximam da figura e seguem esta última, e o fazem de maneira significativamente melhor do que os do grupo de controle, o processo original de instrução deve ter estampado neles a figura. Portanto, há clara necessidade de sujeitos de controle para verificar se a aproximação e o acompanhamento dos sujeitos do grupo experimental podem ser atribuídos a estampagem.

Em alguns dos primeiros estudos de estampagem, observaram-se pássaros que respondiam em mais de uma ocasião a determinado objeto; cf. Jaynes (1957, 1958a), Moltz e Rosenblun (1958a), Salzen e Sluckin (1959a, b). Por exemplo, no último dos estudos citados, pintinhos que, com um dia de idade, tinham tido experiência de uma caixa em movimento, posteriormente responderam mais freqüentemente do que pintinhos de grupo de controle que antes não tinham visto a caixa em movimento. Embora a exposição dos pintinhos à caixa em movimento tivesse durado apenas alguns minutos, levou a certo grau de estampagem (ver, no Cap. 4, discussão mais ampla deste e de outros experimentos semelhantes).

Os testes de reconhecimento, ou testes de "retenção afetiva", foram também usados por Harlow para pesquisar a ligação dos macacos ao objeto cilíndrico, a mãe de pano. As ligações dos macacos foram descritas por Harlow (1958) como "muito resistentes ao esquecimento". Quando examinados com aproximadamente oito meses de idade, os macacos que tinham tido experiência da mãe de pano pareciam reconhecê-la, e mostravam intensas respostas afetivas a ela; no entanto, os macacos que não tinham tido experiência anterior com a mãe de pano inicialmente mostraram apenas medo ou indiferença, e nenhum sinal de afeição com relação a ela.

Harlow (1958) e Harlow e Zimmermann (1958, 1959) descrevem seu teste de "campo aberto", usado para pesquisar a intensidade da ligação dos macacos-bebês a suas mães substitutas. O processo consistia em colocar o macaco e sua mãe de pano numa pequena sala estranha, "onde havia vários objetos que, segundo se sabe, despertam respostas de curiosidade e manipulação em macacos-bebês". Nessas circunstâncias, qualquer macaco-bebê que tivesse sido criado com uma mãe de pano correria para ela, agarrando-a, e esfregando seu corpo nela. O bebê continuava a agarrar-se à sua "mãe" durante algum tempo, antes de aventurar-se em qualquer atividade exploratória. Pode-se perguntar se macacos criados sem uma mãe de pano não agiriam de forma semelhante. Isso provavelmente não é verdade, pois — segundo Harlow e Zimmermann — "dados recentes indicam que a mãe de pano, com uma face muito ostensiva, é um estímulo eficiente de medo para macacos que não tenham sido criados com ela".

Considere-se, agora, o teste de discriminação de ligação. Este critério de estampagem tem sido muito usado, sob formas diferentes, tanto nos primeiros quanto nos mais recentes estudos de estampagem de filhotes de passáros precoces — por ex., Fabricius (1951a, b), Ramsay e Hess (1954), Jaynes (1956, 1958b), Hess (1957), Guiton (1959), Sluckin e Salzen (1961), Sluckin e Taylor (1964) e Taylor e Sluckin (1964a). Para verificar a estampagem, alguns sujeitos são "instruídos" individualmente com uma figura, enquanto outros são "instruídos" com outra. Depois, todos são examinados individualmente numa situação em que podem escolher entre duas figuras. Terá havido estampagem se os animais mostrarem preferência significativa pela figura conhecida. Pode-se notar que, se todos fossem instruídos com apenas uma figura, um exame posterior não seria, a rigor, um teste de estampagem. É que, se essa figura fosse preferida no teste, o experimentador ainda não saberia se a preferência seria devida à estampagem ou a alguma atração intrínseca da figura.

Um exemplo de uma forma do teste de discriminação é encontrado no trabalho inicial de Ramsay e Hess (1954). Estes pesquisadores inicialmente expuseram patinhos *mallard*, que acabavam de sair do ovo, a um modelo realista de pato *mallard;* mais tarde, esse modelo e o modelo de uma pata *mallard* foram usados para teste. Supunha-se, com certa justificativa, que sem qualquer experiência anterior os patinhos escolheriam uma pata, ou, o que seria mais provável, não mostrariam qualquer preferência entre um pato e um cisne. Considerava-se inconcebível que a maioria dos patinhos ingênuos preferisse o modelo de um macho ao de uma fêmea. Considerava-se que teria ocorrido estampagem sempre que, no teste, os patinhos "instruídos" tivessem tendência para acompanhar, — como o fizeram freqüentemente — o modelo do macho e não o da fêmea. Pode-se notar, entre parêntesis, que neste caso o teste demonstrou ligação que poderia ter sido provocada por estampagem ou por outros meios (ou por combinação de estampagem e outros meios). É que, como o modelo macho estava aquecido, os patinhos também poderiam ter aprendido a associar o bem-estar físico do calor ao modelo. No entanto, é improvável que essa recompensa desempenhasse um papel dominante na aprendizagem dos patinhos.

A discriminação a favor da figura A, comparada com a figura B, consiste apenas de movimento para A, acompanhado, tal como ocorre freqüentemente, por pios de alegria, e movimento para longe de B, acompanhado talvez por alguns pios de mal-estar. O movimento para longe de um objeto, principalmente se acompanhado por ruídos típicos e outros comportamentos característicos, é geralmente descrito como medo do objeto. Portanto, a nítida discriminação entre duas figuras — com movimento na direção de uma, e de afastamento com relação à outra — pode muitas vezes incluir algumas respostas de medo.

Ora, os chamados "testes de medo em campo aberto", "testes modificados em campo aberto" e "testes de medo na gaiola de moradia", usados por Harlow em seus estudos sobre comportamento do macaco, parecem muito semelhantes ao teste de discriminação na estampagem. Harlow e Zimmermann (1959), por exemplo, descreveram um processo pelo qual macacos-bebês, criados com uma mãe de pano, eram colocados individualmente numa sala juntamente com a "mãe" e um animal de brinquedo, ou "monstro". Os bebês mostraram medo do monstro, correram para a mãe de pano e se agarraram a ela. No entanto, como indicaram os pesquisadores, uma mãe de pano nova e diferente teria sido um estímulo eficiente de medo. Portanto, na realidade, o teste era um teste de discriminação entre duas figuras — uma conhecida e outra desconhecida (ver também descrições de testes de escolha em Harlow 1960, 1962). Vale a pena notar que a exploração de objetos estranhos, por macacos, é usualmente precedida por certo medo com relação a tais objetos.

Alguns autores supuseram que nos bebês humanos ocorre estampagem. Como veremos nos Caps. 9 e 10, é possível que alguma aprendizagem semelhante à estampagem ocorra em crianças pequenas. No entanto, as condições de instrução e teste em estudos humanos não permitiram a demonstração de estampagem. Considere-se, por exemplo, o estudo de Salk (1962), a partir do qual se concluiu que, no bebê *in utero,* ocorre estampagem auditiva à batida de coração da mãe. A verificação real de Salk foi a seguinte: bebês recém-nascidos, quando expostos durante quatro dias a ruído semelhante à batida de coração, choraram menos e engordaram mais do que bebês de controle que não tiveram essa experiência. Verificou-se que crianças mais velhas eram mais facilmente embaladas para o sono com o som de setenta e duas batidas emparelhadas por minuto do que por qualquer outro som. Essas são verificações notáveis. No entanto, não demonstraram um reconhecimento de batida de coração, nem uma preferência por esse som, resultante de uma experiência anterior com ele. Evidentemente, os efeitos encontrados poderiam ser devidos a outros fatores, que não a estampagem, e em si mesmos não podem ser considerados como prova decisiva de estampagem em bebês humanos.

De qualquer forma, precisamos agora voltar à estampagem no sentido limitado e convencional do termo. Os estudos de laboratório têm usado pássaros precoces como sujeitos, bem como processos experimentais relativamente simples. Em nossa resenha de tais estudos, precisamos considerar, antes de mais nada, as condições em que ocorrem as respostas iniciais de aproximação e acompanhamento.

Respostas de Aproximação e Acompanhamento

3 As respostas filiais iniciais aparecem muito cedo na vida dos animais, muitas vezes antes de qualquer aprendizagem significativa. Embora indiscutivelmente valiosas para a preservação da espécie, tais respostas não se ligam diretamente à sobrevivência do corpo, isto é, às exigências fisiológicas de alimento, água, oxigênio ou até afastamento com relação a estímulos desagradáveis. Apesar disso, a tendência ou impulso para acompanhamento é inata e primária. Talvez esteja na mesma classe das tendências para explorar e manipular o ambiente, atualmente consideradas por muitos estudiosos do comportamento animal como primárias, e não como adquiridas ou derivadas de impulsos homeostáticos, fisiológicos (ver, por exemplo, Harlow, 1953a, b; Butler, 1953, 1954; Miles, 1958; ver também Secção IV do Cap. 7).

As respostas de aproximação e acompanhamento são respostas a estimulação; a especificação do caráter dessa estimulação tem sido o objetivo de muitas pesquisas. Os primeiros estudos dos etologistas (cf. Tinbergen, 1951) demonstraram como vários "estímulos de sinal" liberam diferentes tipos de atividade instintiva. Por exemplo, a corte sexual do esgana-gata (*gasteroteídeo*) é disparado pela vista do abdômen dilatado e os movimentos característicos de postura da fêmea; o movimento de abrir a boca dos filhotes de tordos é liberado por objetos de forma determinada que passam, horizontalmente, sobre os seus olhos; e assim por diante. Tais estímulos de sinais são relativamente específicos, embora às vezes uma amplitude relativamente grande de estímulos possa liberar determinado padrão de respostas não-aprendidas. Quais são os aspectos dos estímulos que liberam o comportamento de aproximação e afastamento?

I. MODELOS DE PAIS

As primeiras observações indicaram que a aproximação e o acompanhamento poderiam ser provocados, em pássaros nidífugos, recém-saídos do ovo, por animais em movimento, pessoas e até objetos inanimados. Por exemplo, os gansinhos, na ausência da mãe, seguem pessoas. Os patinhos que nascem embaixo da galinha facilmente seguem, como se sabe, a galinha. Os patinhos incubados em chocadeiras seguem qualquer pessoa que os estimule a fazer isso batendo no chão ou chamando e afastando-se deles. Para ser eficiente, esse movimento de afastamento com relação aos animais pequenos deve ser inicialmente lento, mas pode depois ser acelerado; dessa forma, eu e meus colegas nunca tivemos dificuldade para provocar acompanhamento em patinhos domésticos.

Fabricius (1951a), Nice (1953), Fabricius e Boyd (1954) e Weidmann (1958) verificaram que patinhos selvagens de várias espécies poderiam ser induzidos a seguir uma pessoa que ande erecta. Hinde, Thorpe e Vince (1956) verificaram que um homem andando era um estímulo muito eficiente para iniciar acompanhamento em frangos-d'água e carquejas; para isso, também usaram um modelo de frango-d'água e outros objetos. Gray e Howard (1957) deram, a pintinhos domésticos, a oportunidade para seguir individualmente um ou outro experimentador; todos os doze pintinhos do grupo experimental começaram a apresentar acompanhamento no período de cinco minutos. No entanto, em pesquisa sistemática de laboratório, seres humanos e animais vivos só ocasionalmente são usados como objetos de aproximação e acompanhamento.

Em muitos experimentos têm sido usados imitações e modelos simples de animais. Como já foi dito antes, Ramsay e Hess introduziram o emprego de modelos de patos *mallard*. Depois, numa série de experimentos, Hess empregou um modelo de pato *mallard,* suspenso num braço giratório, encaixado no centro de um estrado circular com aproximadamente um metro e meio de diâmetro. O boneco tinha, em seu interior, um elemento de aquecimento, e um alto-falante que emitia um ruído semelhante ao grasnar de um pato. Os filhotes de pato *mallard* eram colocados no estrado algumas horas depois de saírem do ovo e usualmente aí ficavam menos de uma hora com o boneco; geralmente, durante grande parte desse tempo seguiam o boneco (ver, por exemplo, Hess, 1957, 1958, 1959a, c; Hess, Polt e Godwin, 1959). Hess e Schaefer (1959) usaram um modelo semelhante de cisne selvagem como liberador de acompanhamento em pintinhos Leghorn. Como se disse antes, não se sabe até que ponto o calor do boneco de pato, usado nesses experimentos, auxiliou a atrair os patinhos e pintinhos. Quase todos os outros experimentadores preferiram não associar o calor ao movimento e som, empregados para provocar acompanhamento em filhotes de pássaros precoces.

II. OBJETOS EM MOVIMENTO

Quase todos os experimentos têm sido realizados com modelos que não se assemelham muito a animais reais. Fabricius (1951a, b, 1955) e Fabricius e Boyd (1954), embora usassem seres humanos, patos e patinhos vivos, bonecos de animais e modelos de patos para provocar acompanhamento, também usaram diferentes objetos coloridos — por exemplo, caixas, bexigas, vagões de trens de brinquedo e assim por diante, até chegar ao tamanho de uma caixa de fósforos. Os patinhos de várias espécies, usados em tais experimentos, seguiram tais objetos num campo aberto, bem como em estrados com apenas dois metros e meio de comprimento. Concluiu-se que tamanho, forma e cor do objeto "liberador", mesmo dentro de limites muito amplos, tinham pouca influência na intensidade do acompanhamento.

Como se disse antes, Hinde, Thorpe e Vinci (1956) apresentaram a filhotes de frango-d'água um modelo de frango--d'água; o modelo era feito de madeira e pintado de negro, com tiras negras e brancas na parte inferior da cauda; os pesquisadores usaram também outros objetos desse tipo — por exemplo, caixas preto e branco, grandes e pequenas, abrigo amarelado ou verde de ornitólogo, uma caixa de bambu verde, uma bola de futebol amarelo. Quase todos esses objetos podiam ficar suspensos num arame que corria num estrado de aproximadamente vinte metros. Qualquer um desses objetos provocava acompanhamento, quando se movimentava, em alguns dos filhotes de frangos-d'água e carquejas. Está claro que grande variedade de objetos pode provocar acompanhamento, e que este pode ser provocado sem qualquer atividade normal dos pássaros-pais dirigida aos filhotes — por exemplo, ruídos de choco ou alimentação.

Ramsay (1951), com o mesmo objetivo, usou uma bola de futebol e uma caixa em movimento. Hess (1959) mostrou que os objetos semelhantes aos pássaros-pais não eram melhores, para liberar o acompanhamento, do que objetos muito simples. Além disso, Hess sustentou que uma bola simples era mais eficiente para provocar acompanhamento em pintinhos do que uma bola com "superestruturas de asa e cauda", ou uma bola com asas, cauda e cabeça; verificou-se que um boneco de galo era relativamente ineficiente para provocar a liberação. De outro lado, Hinde (1961) afirmou que os objetos semelhantes à mãe natural eram, para algumas espécies, estímulos mais eficientes para o acompanhamento inicial e para a estampagem.

Jaynes (1956, 1957, 1958a, b) usou pequenos cubos e cilindros para provocar acompanhamento em pintinhos domésticos. Salzen e Sluckin (1959a, b) usaram uma caixa de papelão vermelho, 20 cm x 15 cm x 15 cm de alturaí suspensa a dez centímetros do chão do estrado por dois arames presos a uma corda; a corda poderia ser movimentada por uma manivela. O estrado usado por Salzen e Sluckin tinha três metros de extensão, e a caixa era movimentada aos arrancos à frente dos pintinhos. As tentativas duravam apenas alguns minutos, e muitos, embora não todos, pintinhos do grupo experimental seguiam a caixa durante as tentativas. Mais tarde, os mesmos experimentadores usaram outros tipos de caixa, bem como espanadores suspensos da mesma forma; todos os objetos pareciam igualmente eficientes para provocar acompanhamento.

Salzen e Sluckin verificaram que o movimento oscilante e irregular era mais eficiente para iniciar aproximação e acompanhamento em pintinhos do que movimento contínuo, com velocidade constante. Antes disso, Fabricius (1951a) tinha verificado que o movimento de algumas partes do corpo, com relação a outras, — por exemplo, o "gingado" do pato ou o andar do homem — era um fator importante para provocar acompanhamento em patinhos. Weidmann (1958) também notou que uma pessoa sentada, se se balançar de um lado para outro, pode provocar aproximação de patinhos.

III. ESTIMULAÇÃO VISUAL INTERMITENTE

As observações do tipo das mencionadas no último parágrafo indicaram que um objeto em movimento não precisa necessariamente, ou talvez não precise de forma alguma, afastar-se do pássaro, para neste provocar aproximação. Pode-

-se esperar que qualquer movimento provoque esse efeito, mesmo movimento em ângulos retos com relação à linha de visão do pássaro. Smith (1960) mostrou que é isso que ocorre. Usou um disco branco com setor preto com quarenta e cinco graus, colocando-o numa extremidade de um estrado de três metros. Quando o disco girava lentamente, de forma que o setor preto se repetia, verificou-se que os pintinhos, colocados na outra extremidade, se aproximavam dele; nesse processo, deixavam de piar e começavam a apresentar os sons de alegria. Mais tarde, Smith e Hoyes (1961) mostraram que os pintinhos se aproximavam também de outros desenhos que se moviam em ângulos retos com relação à sua linha de visão — por ex., linhas horizontais com movimentos lentos, ou linhas verticais, que apareciam em pequena janela, e a certa distância dos animais do grupo experimental.

A oscilação visual resulta do movimento de um desenho preto e branco no campo de visão, mas com determinadas velocidades. A oscilação pode ser provocada mais facilmente por métodos estroboscópicos, isto é, escurecendo-se regularmente uma luz através de um obturador, ou simplesmente ligando-se e desligando-se uma luz, ou diminuindo sua intensidade em intervalos regulares. James (1959, 1960a, b) e Smith (1960) pesquisaram as respostas de pintinhos recém-saídos do ovo a fontes intermitentes de luz.

James (1959) inicialmente verificou que pintinhos domésticos, com aproximadamente dois dias de idade, se aproximavam de luz intermitente apresentada através de quatro pequenos orifícios no fim do estrado. Essas respostas não-condicionadas de pintinhos foram depois usadas por James para conseguir condicionamento; no entanto, isto será discutido em capítulos posteriores. Smith (1960), em trabalho independente, verificou que pintinhos domésticos pequenos se aproximavam de uma nesga de luz oscilante, colocada exatamente acima do nível do solo, formando ângulos retos com este. Verificou-se que, no conjunto, essa fonte de luz intermitente era tão boa para liberar aproximações iniciais quanto o disco giratório com setor preto. Mais tarde, Smith e Hoyes (1961) verificaram que diferentes fontes de oscilação poderiam provocar, eficientemente, respostas de aproximação. No entanto, luzes intermitentes de diâmetro muito pequeno, ou de intensidade muito pequena, ou colocadas muito acima do chão, eram relativamente ineficientes para provocar aproximação de pintinhos. Smith e Bird (1963) verificaram que, em tentativas espalhadas no segundo, terceiro e quarto dias de vida, os pintinhos mostraram maior redução em respostas de aproximação com relação à nesga oscilante de luz do que ao disco giratório com um setor preto.

Pode-se perguntar se as respostas imediatas a movimento e oscilação de luz são características de aves. James (1959) e mais tarde Moltz (1960) chamaram a atenção para as pesquisas iniciais sobre o funcionamento do olho das aves. Uma característica do olho da ave, mas não do mamífero, é o pécten. Este é uma estrutura aproximadamente cônica que se projeta, a partir do ponto cego da retina, para a pupila. Segundo Pumphrey (1948), a principal função do pécten é, provavelmente, dar substâncias nutritivas ao humor vítreo no espaço entre o cristalino e a retina. No entanto, alguns pesquisadores anteriores diziam que, ao lançar sombras na retina, o pécten auxiliava o pássaro a identificar movimento. Embora aceitasse a probabilidade de que o pécten causasse variações na iluminação da retina, Pumphrey apresentou certa dúvida quanto ao fato de o pécten aumentar a percepção do movimento. Mais tarde, no entanto, o mesmo Pumphrey (1961) inclinou-se a acreditar como correta essa teoria da função óptica do pécten. Mais recentemente, Guhl (1962) indicou que a função do pécten no olho das aves não era inteiramente clara.

De qualquer forma, James (1959) pensou que uma "luz oscilante deve ser tão atraente para pintinhos recém-saídos do ovo quanto um objeto em movimento, pois o efeito retiniano de ambos será igual". Verificou-se que isso era verdade, e sustentou que as respostas de aproximação que observou eram respostas incondicionadas, e instintivas a flutuações em iluminação. Poder-se-ia ter concluído, a partir de tais resultados que a oscilação visual seria o estímulo essencial para a estampagem. No entanto, vários estudos realizados a partir de 1960, entre os quais o de James (ver Cap. 5), apresentaram provas de estampagem diante de objetos estacionários. Por isso, James (1960c) sentiu-se obrigado a concluir que "nem o movimento real e nem o imaginário são necessários para a estampagem".

. Em muitas espécies de pássaros, respostas de movimento da cabeça para o lado podem ser provocadas, em filhotes recém-saídos do ovo por estímulo não-condicionados e de baixa intensidade (cf. Schneirla, 1956). Schneirla (1959) chega até a dizer que "baixas intensidades de estimulação tendem a despertar reações de aproximação, enquanto altas intensidades provocam afastamento com relação à fonte". Moltz (1961) apresentou a opinião de que qualquer estímulo não-desagradável "que domine o ambiente sensorial do pássaro durante um período inicial de desenvolvimento deve depois provocar respostas de acompanhamento". No entanto, é evidente que a oscilação visual, na medida em que é a base do movimento visto, tende a ser saliente no mundo visual. Constitui uma atração muito mais intensa para o pintinho, o patinho ou o gansinho do que qualquer aspecto estático do ambiente. Portanto, embora a oscilação da retina não seja uma condição irredutível de respostas de aproximação, indiscutivelmente tem uma importância muito grande.

IV. ESTIMULAÇÃO AUDITIVA INTERMITENTE

Assim como a estimulação visual intermitente provoca respostas de aproximação em pássaros precoces recém-saídos do ovo, o mesmo ocorre com a estimulação auditiva intermitente. Nos primeiros experimentos sobre estampagem, havia tendência para fazer com que os liberadores de aproximação e acompanhamento se assemelhassem ao pássaro adulto. Como os pais geralmente fazem algum ruído, os liberadores às vezes tinham uma fonte de som. Para os primeiros pesquisadores, parecia claro que um objeto ruidoso em movimento tendia a ser melhor liberador do que um objeto silencioso. Às vezes, foram usados apenas ruídos intermitentes; Lorenz (1935) verificou, e Fabricius (1951a, b) confirmou-o de maneira ampla, que os estímulos acústicos poderiam liberar efetivamente a aproximação e o acompanhamento em patinhos. Collias e Collias (1956) também mostraram que os patinhos eram atraídos por ruído intermitente.

Fabricius verificou que, para serem eficientes, os estímulos acústicos devem ser ruídos rítmicos simples; palavras monossilábicas, repetidas constantemente, poderiam servir a esse objetivo. No conjunto, tais estímulos eram mais rápidos do que os visuais para provocar aproximação em patinhos. Os patinhos que não seguiam objetos em movimento às vezes o faziam quando havia sons adequados, e depois seguiam o movimento, mesmo após a interrupção do ruído. Fabricius pensou que a resposta de diferentes espécies de patos ao som poderia estar ligada ao *habitat* da espécie.

Collias (1952) verificou que como resposta a sons curtos e repetidos, pintinhos domésticos passavam de pios de aflição para os pios de contentamento. Ao movimento isolado, os pintinhos preferiam o som ligado ao movimento. Mais tarde, Gottlieb (1963c) verificou que patinhos domésticos também respondiam melhor a estimulação visual e auditiva do que a estimulação visual isolada. Collias mostrou que alguns dos pintinhos corriam para o dedo que batia na mesa, e corriam para frente e para trás ao responder a essa estimulação. Collias (1952, 1962) notou uma redução das respostas de pintinhos ao cacarejo de chamada da galinha, emitido por um alto-falante, depois do primeiro dia após a saída do ovo.

Collias e Joos (1953) procuraram especificar, através de análise espectrográfica, os elementos comuns que atraíam os pintinhos. Verificaram que tais sons eram caracterizados por: "1) repetição ou segmentação; 2) pequena duração das notas componentes; 3) presença de freqüências relativamente baixas". O chamado e ronronado de uma galinha choca têm todos esses atributos, mas, até certo ponto, o mesmo ocorre com alguns ruídos artificiais— por exemplo, batidas ritmadas de lápis. Salzen e Sluckin verificaram que a batida é estímulo eficiente para provocar aproximação em pintinhos; também verificaram que, embora nem todos os pintinhos respondessem a tais ruídos, os que respondiam eram capazes de localizar, com notável exatidão, a fonte do som atrás de uma tela.

Nos experimentos descritos por Sluckin e Salzen (1961), aproximadamente 450 pintinhos foram testados individualmente, logo depois de experiência limitada com uma pequena caixa num estrado. Verificou-se que as respostas ao estímulo acústico tendiam a estar relacionadas à experiência dos pintinhos com o movimento da caixa; a proporção dos pintinhos que respondiam ao som era significativamente mais elevada entre os que tinham tido experiência de cinqüenta movimentos de agitação do que entre os que tinham tido experiência de apenas dez desses movimentos; entre os pintinhos, a proporção dos que respondiam ao som depois de terem tido experiência de dez movimentos da caixa era significativamente maior do que a dos que tinham ficado perto de uma caixa parada. Além disso, os pintinhos que tinham seguido a caixa eram significativamente mais sensíveis ao som do que os que não o tinham feito.

Tais resultados sugerem que as diferenças individuais na capacidade para responder a estímulos auditivos e visuais podem ser interdependentes; em outras palavras, poderia haver bons e maus seguidores, independentemente da modalidade de estimulação. Os resultados indicaram que a experiência da caixa em movimento tendia a facilitar a aproximação com relação ao som. Um efeito de facilitação um pouco semelhante, apenas com estímulos visuais, foi pessoalmente descrito por Smith; segundo este, uma nesga de luz de pequeno diâmetro despertava mais respostas de aproximação de pintinhos que antes tinham visto um grande círculo de luz que se acendia e apagava do que de pintinhos que não tinham tido essa experiência.

Um estudo sobre marrecos de Pequim, uma espécie muito domesticável, realizado por Kloper e Gottlieb (1962a), também esclareceu um pouco a relação entre as respostas dos filhotes a estímulos visuais e auditivos. Esses pesquisadores usaram, como objeto estimulador, uma imitação de pato selvagem com um alto-falante em sua parte inferior. O boneco se movimentava em torno de um círculo com três metros, e cada marrequinho era exposto a ele durante vinte minutos, de dez a vinte horas depois de sair do ovo. Enquanto o modelo se movimentava, uma voz humana gravada — *"venham,* venham, venham... *venham,* venham, venham" — era transmitida pelo alto-falante. Uma indicação da relação entre a suscetibilidade dos marrequinhos aos estímulos visuais e auditivos era obtida pelo teste de cada um, algumas horas depois. O teste consistia de duas fases: um marrequinho era exposto por dez minutos ao boneco que se movia silenciosamente, e exposto também, por cinco minutos, ao som que saía do lado do estrado, mas na ausência do boneco; os estímulos eram apresentados numa seqüência para um marrequinho, na seqüência inversa para o seguinte, e assim por diante. Alguns marrequinhos seguiam o boneco e se aproximavam da fonte de som, enquanto outros respondiam apenas ao boneco, ou apenas ao som. Os pesquisadores esperavam que alguns marrequinhos fossem mais suscetíveis a estímulos auditivos e outros a estímulos visuais, e que tais suscetibilidades fossem independentes entre si; os resultados apresentavam tendência na direção esperada (ver também Klopfer e Gottlieb, 1962b).

Como já notamos antes, Fabricius pensou que a natureza da resposta ao som poderia ser ligada ao *habitat* da espécie. Klopfer (1959a) chamou a atenção para as diferenças comportamentais entre os patos selvagens *mallards* que fazem ninhos no chão e os patos-do-mato que fazem ninhos em buracos. Os patinhos *mallard* e os filhotes de outras espécies de patos que fazem ninhos no chão geralmente vêem a mãe afastar-se do ninho logo que saem do ovo; esses patinhos precisam ser muito sensíveis a estímulos visuais para que possam seguir a mãe. De outro lado, os filhotes de espécies que fazem ninhos em buracos — por exemplo, os de pato-do--mato —, ou em árvores acima do chão ou na água, precisam responder a estímulos auditivos para que possam seguir a mãe.

Gottlieb (1963 b) descreveu minuciosamente o comportamento do pato-do-mato da Carolina do Norte (Estados Unidos). Os filhotes saem do ovo no interior de buracos das árvores, e logo depois a mãe sai do buraco. Aproximadamente um dia depois de sair do ovo, os patinhos também saem do buraco e saltam para o chão ou para a água. A mãe, um pouco antes de sair do ninho, começa a emitir os seus chamados característicos, e continua a fazê-lo depois de estar fora do ninho. Os chamados iniciais, de pouca intensidade, ficam mais freqüentes e mais altos, até que os filhotes saiam do ninho. Gottlieb acredita que a prolongada exposição aos chamados da pata, antes de saírem do ninho, permite que "os filhotes recebam a estampagem auditiva".

Klopfer (1959 b) mostrou que os filhotes de espécies de patos que fazem ninhos no chão, desde que criados em relativo isolamento auditivo, "tendiam a aproximar-se, sem discriminação, da maioria dos sinais rítmicos e repetitivos".

De forma semelhante, em patinhos-do-mato, Klopfer (1959a) verificou que não havia preferência inicial por qualquer sinal auditivo empregado pelo experimentador — por ex., chamados gravados de vários patos e gansos, e chamados humanos repetidos (por ex., "pip-pip" e "alô"). No entanto, Klopfer verificou que, apesar de sua resposta inicial "universal", os patinhos-do-mato facilmente se ligavam a determinados sons — e que isso era neles mais nítido do que em patinhos de espécies que fazem ninhos no chão.

No entanto, aparentemente sabemos mais a respeito da sensibilidade de filhotes de pássaros precoces à estimulação auditiva do que a respeito de sua efetiva estampagem por ela. Na natureza, a estimulação auditiva é usualmente um componente importante de uma configuração de estímulos diante da qual ocorre a estampagem. É possível que, em algumas espécies, a função dos sons emitidos pelos pais seja, fundamentalmente, chamar a atenção dos filhotes (cf. Gottlieb e Klopfer, 1962; Gottlieb, 1963a). Em outras espécies, no entanto, a estampagem auditiva pode ser tão importante quanto a visual, e talvez ainda mais importante do que esta. Neste campo, existe ainda muita necessidade de outras pesquisas.

V. DIFERENÇAS INDIVIDUAIS

Existe pouca dúvida de que, em qualquer espécie, os indivíduos são muito diferentes quanto às respostas de aproximação e parada a qualquer configuração específica de estímulo. Fabricius e Boyd (1954), por exemplo, observam que "Um dos aspectos mais interessantes e obscuros dos experimentos foi a grande variação de resposta a modelos apresentados a patinhos com "histórias" semelhantes. Em qualquer ninhada onde, sucessivamente, e na mesma idade (medida em horas depois de sair do ovo), se apresentava um modelo, alguns patinhos o seguiam sem hesitação, outros com relutância, enquanto alguns não o seguiam de forma alguma".

Jaynes (1956) notou notáveis diferenças individuais na capacidade de resposta dos pintinhos. Collias e Collias (1956) mencionaram a variabilidade do comportamento de acompanhamento entre os indivíduos das espécies de galinha-d'água (*water-fow*) selvagem por eles estudadas. Gottlieb (1961a) verificou maior coerência no comportamento de acompanhamento de patinhos quando tinham a mesma idade de desenvolvimento, calculada pelo início da incubação, do que quando tinham a mesma idade a partir do momento em que saíam do ovo. Apesar disso, Gottlieb (1961b) descreveu consideráveis diferenças individuais nas respostas de filhotes de patos *mallard* e de marrequinhos de Pequim.

Por causa da grande variabilidade de comportamento de pintinhos de galinhas Rhode Island vermelhas, Salzen e Sluckin (1959 b) usaram grandes números de aves a fim de verificar a porcentagem de incidência da resposta de acompanhamento a diferentes quantidades de estimulação inicial. Verificaram que "a incidência de acompanhamento em determinado grupo de pintinhos domésticos era proporcional à quantidade de experiência com o objeto em movimento, e que, em conseqüência de outros fatores, além da quantidade de experiência com a caixa, os indivíduos variavam em sua prontidão para responder.

Fica evidente que as diferenças individuais para resposta são mais nítidas com estímulos que não são totalmente eficientes. Existe pouca dúvida de que, com estimulação visual e auditiva adequada, e com bastante tempo para resposta, quase todos, se não todos os patinhos, gansinhos ou pintinhos recém-saídos do ovo mostram, mais cedo ou mais tarde, respostas de aproximação e acompanhamento. Em alguns estudos, as diferenças individuais relativamente pequenas no tratamento dos animais durante os últimos estádios de incubação, durante o período em que saem do ovo ou entre esse período e o primeiro teste, podem ter sido responsáveis, até certo ponto, pelas diferenças individuais de resposta que foram observadas.

Qualquer que seja a razão para isso, alguns filhotes de pássaros parecem responder mais do que outros a estímulos de determinada modalidade; alguns parecem também mais sensíveis do que outros a uma modalidade de estímulos. É possível que, na natureza, a melhor resposta de alguns indivíduos a movimento, e de outros a som intermitente, possa ser conveniente. É possível que as diferenças individuais desse tipo — um polimorfismo comportamental, ou polietismo (Klopfer e Gottlieb, 1962b) — possa ser uma vantagem para o grupo como um todo. Dessa forma, qualquer tipo de estimulação encontraria respostas de *alguns* membros do grupo, o que poderia auxiliar a sobrevivência da espécie.

VI. ATRAÇÃO INICIAL DE OBJETOS ESTIMULADORES

Não há dúvida de que algumas formas de estimulação podem ser mais eficientes do que outras para provocar respostas filiais iniciais. A respeito, há descrições de muitas observações, e mais recentemente Smith (1960), Smith e Hoyes (1961) e Smith e Bird (1963) pesquisaram sistematicamente a eficiência de diferentes configurações de estímulo — desenhos preto e branco em movimento, feixes oscilantes de luz de diferentes tamanhos e brilho, e assim por diante — para provocar comportamento de aproximação e parada em pintinhos. Sempre que quaisquer objetos são procurados e seguidos, são também espasmodicamente bicados, de forma que se poderia pensar que as preferências de bicadas de pintinhos recém-saídos do ovo poderia indicar a atração de diferentes formas, cores, etc.

Hess e Gogel (1954) pesquisaram as preferências inatas, por cores, de pintinhos recém-saídos do ovo, quando escolhem objetos para bicar. Cada pintinho recebia, simultaneamente, dois punhados de farinha de malte, com colorido diferente, mas sob outros aspectos idênticos; contavam-se as suas bicadas. Verificou-se que os pintinhos domésticos têm preferência, inteiramente não-aprendida, por "cores claras, não-saturadas, e que tais preferências não podem ser inteiramente explicadas pela iluminação dos estímulos". Mais tarde, Hess (1956) descreveu os resultados de um estudo de preferências naturais de pintinhos e patinhos por pequenos objetos de cores diferentes, em que as bicadas eram registradas por contadores elétricos. Foram testados duzentos pintinhos e cem patinhos; todos tinham tido experiência visual muito limitada antes do teste, e durante este foram apresentados muitos estímulos ao mesmo tempo. Hess verificou uma distribuição bimodal de preferências de cor em pintinhos: um ponto alto da distribuição estava na região alaranjada do espectro de cores; o outro, na região azul. A distribuição da preferência nos patinhos era unimodal, mais limitada na amplitude do que a distribuição das preferências dos pintinhos; o ponto alto da distribuição de escolhas dos patinhos estava dentro da região amarelo-verde do espectro de cores.

As preferências iniciais por forma têm sido estudadas de maneira semelhante à usada para a verificação de preferências por cores. Fantz (1957) registrou o número de bicadas de pintinhos domésticos em vários objetos estimuladores. Usando aproximadamente 350 pintinhos e 40 objetos estimuladores, Fantz verificou que os pintinhos recém-saídos do ovo, e de duas linhagens, bicavam mais os objetos redondos do que os angulares. Como isso ocorria no caso de pintinhos que estavam em escuridão antes do teste, existe pouca dúvida de que tais preferências sejam inatas. No entanto, como se esperava, o fato de premiá-los por bicarem objetos de determinado tipo altera suas preferências iniciais.

Será que as preferências para bicadas estão ligadas às preferências por várias configurações de estímulo na aproximação e no acompanhamento? Hess e seus colaboradores tentaram esclarecer esse problema com relação à cor. Schaefer e Hess (1959) usaram certo número de esferas coloridas, com dez centímetros de diâmetro, como objetos para provocar acompanhamento em pintinhos domésticos. Cada pintinho tinha uma sessão de dezessete minutos, durante a qual uma esfera se movimentava num espaço de um metro e vinte centímetros. Verificou-se que as diferentes cores usadas tinham eficiência diferente para provocar acompanhamento. Em ordem de eficiência, de melhor para pior, verificou-se que as cores eram as seguintes: azul, vermelho, verde, alaranjado, cinza, preto, amarelo e branco. Os pintinhos eram também expostos, um de cada vez, a uma esfera com determinado colorido no primeiro dia; no dia seguinte podiam aproximar-se de uma, entre cinco esferas de diferentes cores, uma das quais era a esfera original. A partir desses testes, Schaefer e Hess concluíram que as melhores cores para estampagem eram as mesmas cores que se revelavam melhores para provocar aproximações e acompanhamento iniciais (ver também Hess, 1959a, e Hess, 1959c). Resta saber se as preferências de pintinhos ingênuos seriam iguais, aos dois ou três dias de idade, às reveladas no primeiro dia.

Gray (1961b) procurou responder a essa pergunta. Verificou que, embora as reações diferentes a cor possam resultar de estampagem, elas são também função da maturação. Não colocou os pintinhos numa situação de escolha de cores; seu aparelho consistia de três compartimentos separados por vidro; o pintinho era colocado no compartimento do meio, e, enquanto um dos compartimentos da extremidade estava vazio, o outro continha um círculo giratório colorido; registrava-se automaticamente o tempo gasto nas proximidades de cada cor. Usando pintinhos sem experiência, e com um, dois, três, quatro e cinco dias de idade, Gray pôde obter curvas de respostas a diferentes cores. A resposta dos pintinhos ao vermelho era muito boa, atingia o ponto máximo no segundo dia e depois declinava gradualmente. Gray chamou a atenção para a semelhança topográfica entre a curva de resposta e aquela antes obtida, por Salzen e Sluckin (1959b), com uma caixa vermelha em movimento. Gray verificou que o verde era uma das cores menos eficientes, enquanto um pintinho amarelo era bom liberador inicial da aproximação, mas não melhor do que os círculos coloridos no quinto dia.

Hess (1959c) apresentou dados referentes às preferências para bicadas de pintinhos, bem como às suas preferências por objetos coloridos para aproximação e acompanhamento. Mostrou que a relação entre esses dois conjuntos de preferências era inversa: enquanto o amarelo atraía mais bicadas, e o vermelho e o azul eram menos atraentes, os objetos amarelos em movimento eram menos facilmente acompanhados e os objetos vermelhos e azuis provocavam mais facilmente o acompanhamento.

Em um dos seus experimentos, Schaller e Emlen (1962) usaram pintinhos domésticos e faisões chineses com anel colorido no pescoço. Nesse experimento, aves "ingênuas" eram examinadas diante de um retângulo de papelão de 12 cm x 20 cm, ligado em ângulos retos à extremidade de uma corda controlada pelo experimentador. As preferências dos filhotes, tanto para bicar quanto para aproximação, foram examinadas através da apresentação de retângulos de diferentes cores. Verificou-se que muitos filhotes do grupo experimental seguiam o objeto em movimento, mas, depois de um afastamento inicial, muitos deles bicavam o objeto apresentado. As cores usadas foram as seguintes: preto, branco, azul, vermelho e verde. No entanto, Schaller e Emlen verificaram que as diferenças de cor tinham pouca ou nenhuma influência na intensidade de respostas. Tais resultados não contradizem necessariamente, de maneira global, os estudos anteriores e já citados. No entanto, parece que a cor não era uma variável decisiva para iniciar respostas de aproximação e acompanhamento em aves precoces recém-saídas do ovo.

VII. RESPOSTAS FILIAIS
E CONDIÇÕES AMBIENTAIS

Se fossem mais exatamente conhecidos os efeitos de condições ambientais — por exemplo, temperatura, iluminação, nível de ruído, e assim por diante — seria possível, pelo controle de tais condições, usar número relativamente pequeno de sujeitos experimentais para verificar a eficiência de diferentes estímulos para provocar respostas filiais iniciais e estampagem. No entanto, antes de considerar os efeitos ambientais, pode-se perguntar se a resposta a estímulos que liberam aproximação e acompanhamento está sujeita a flutuações espontâneas e previsíveis. Gray (1962) procurou pesquisar esse problema.

Gray usou pintinhos que tinham saído do ovo e foram conservados em isolamento. Colocou cada pintinho no compartimento central de um conjunto de três compartimentos; o compartimento de uma extremidade tinha um pintinho da mesma idade; o outro, uma galinha adulta. Registravam-se automaticamente os períodos gastos pelo pintinho perto do filhote com sua idade e perto da galinha adulta. Uma tentativa de quinze minutos desse tipo era feita, usando-se um outro pintinho de cada vez, a cada três horas, durante o dia e a noite. Os resultados mostraram um ritmo diário de preferências dos pintinhos pela galinha; sua atração era maior por volta da meia-noite. Gray examinou pintinhos de várias idades, de um a quatro dias depois de saírem do ovo. Embora a resposta dos pintinhos à galinha declinasse um pouco a cada dia, o aumento de respostas por volta da meia-noite ocorria em todas as idades examinadas. Evidentemente, há necessidade de mais pesquisas sobre as flutuações nas respostas a diferentes estímulos, e em diferentes espécies.

Kaufman e Hinde (1961) fizeram um estudo sobre os fatores que influem nos pios de mal-estar de pintinhos doésticos. Verificou-se que um fator importante era a temperatura do cercado de teste. Os pios de mal-estar eram emitidos em proporção relativamente elevada quando a temperatura do cercado era baixa, isto é, estava consideravelmente abaixo da temperatura corporal dos pintinhos. Salzen e Tomlin (1963) verificaram que as respostas de acompanhamento em pintinhos era retardada pelo frio. Isso se deve provavelmente ao efeito de baixa temperatura na atividade motora geral dos animais. No entanto, Salzen e Tomlin pensavam que era improvável que essa temperatura baixa "influísse nos processos perceptíveis incluídos na estampagem, e da qual os pios de prazer, a orientação, o acompanhamento incipiente e o acompanhamento propriamente dito são indicadores".

Pitz e Ross (1961) pesquisaram o efeito de ruído nas respostas de aproximação e acompanhamento de pintinhos. Estes foram testados individualmente com uma caixa em movimento num estrado circular, durante quinze minutos por dia, e durante cinco dias seguidos. Verificou-se que, em alguns casos, o acompanhamento melhorava quando o pintinho estava a aproximadamente quinze centímetros da caixa, ao mesmo tempo em que havia palmas altas. Os pesquisadores consideraram que a intensidade do acompanhamento estava ligada ao grau de excitação, definido como "quantidade total de estimulação que atinge o organismo". No entanto, a influência positiva do ruído no acompanhamento só ocorria depois do primeiro dia, isto é, depois da ocorrência de certa estampagem. No Cap. 7, consideraremos com certa minúcia tais efeitos em animais que passaram por estampagem. Aparentemente, ainda está em dúvida o efeito do ruído em aves "ingênuas" e recém-saídas do ovo.

VIII. APROXIMAÇÃO E EXPLORAÇÃO

Como já vimos, o comportamento de aproximação-e-parada é liberado mais por estimulação flutuante do que por qualquer tipo especifício de estímulo. Não está bem esclarecido se figuras não-flutuantes que se salientem no fundo também podem, em certas circunstâncias, despertar respostas de aproximação-e-parada. Na medida em que isso possa ocorrer, a amplitude de estimulação que desperte aproximação e acompanhamento poderia ser quase tão ampla quanto a que provoca comportamento de exploração. O indivíduo que deseja explorar aproxima-se de objetos e locais, passando de objeto a objeto e de local a local. No comportamento de aproximação e acompanhamento, o indivíduo tende a aproximar-se de um objeto, ficar com ele e dele aproximar-se repetidamente, quando o objeto se afasta. Assim, embora o comportamento exploratório seja relativamente variável, o comportamento de aproximação-e-parada é relativamente estereotipado.

Tais modos de comportamento parecem contrastar, mais ou menos como as fases de ação instintiva típica em animais superiores. Vários tipos de comportamento instintivo começam com comportamento variável, denominado comportamento apetitivo, e terminam em atos relativamente estereotipados de consumo. No entanto, o comportamento exploratório, embora variável, como tal não leva a nada além de saciedade gradual; nem, aparentemente, é em si mesmo uma culminação de coisa alguma. De forma semelhante, o comportamento de aproximação e acompanhamento, embora relativamente estereotipado, não é consumatório e aparentemente não provoca qualquer redução de impulso; nem é apetitivo, pois não leva a nada além de mais comportamento do mesmo tipo.

O comportamento de qualquer tipo, como é um produto da seleção natural, pode ser apresentado "independentemente da presença ou ausência da necessidade; pode ser provocado por processos internos que são independentes de alguns estados — por ex., fome ou sede — e por estímulos externos que são neutros quanto à sobrevivência" (Barnett, 1958). Como a exploração, o comportamento de aproximação-e-parada tem um valor claro para a sobrevivência; como a exploração, aparentemente não resulta de qualquer necessidade visceral, ou estado de desequilíbrio orgânico.

Se a exploração não resulta de qualquer necessidade, como é que surge? Dember e Earl (1957) sugerem que a exploração é uma das formas de atenção, e difere da atenção no sentido usual apenas pelo "grau de participação locomotora". Se a exploração é uma forma de atenção, seria também possível dizer que o comportamento de aproximação e acompanhamento é uma forma de atenção.

Uma alternativa a essa conclusão um pouco estranha seria ampliar o conceito de necessidade, de forma que passe a abranger os impulsos para atividade de aproximação e acompanhamento, bem como de exploração. A tendência para explorar o ambiente é tão forte em alguns animais, que a expressão "necessidade de estímulo" tem sido usada para acentuar sua natureza de impulso. Talvez se pudesse dizer, também, que a tendência para aproximar-se de fontes de estimulação intermitente, e depois segui-las, surge de uma necessidade ou "fome" específica. Ao considerar a estampagem como um processo de aprendizagem, na última secção do Cap. 7 e no Cap. 9, voltaremos ao problema de impulsos e necessidade primárias.

Assim como qualquer estimulação pode, de acordo com as circunstâncias, provocar afastamento ou aproximação, também qualquer estimulação pode provocar comportamento de aproximação-e-parada (respostas de aproximação e acompanhamento), ou comportamento de aproximação-e-saída (comportamento de exploração). Em princípio, deve ser possível predizer, a partir do conhecimento do estado do organismo e das condições ambientais, como é que o organismo responderá a determinada estimulação. Geralmente, os animais precoces mostram a seguinte seqüência de respostas: bem no início da vida, aproximação e acompanhamento; depois, quando as ligações já foram estabelecidas, atividade de exploração. Evidentemente, os filhotes de outras espécies dificilmente mostram aproximação e acompanhamento, embora mostrem muito comportamento exploratório. No entanto, o comportamento exploratório, ou alternância espontânea, não é universal em animais jovens; cf. Hayes e Warren (1963). Nas espécies precoces é detido pelas respostas filiais iniciais e dominantes.

O Desenvolvimento de Ligações: I

I. TESTES DE ESTAMPAGEM

4 Os primeiros pesquisadores, influenciados por Lorenz, acreditavam que as primeiras respostas filiais a qualquer figura levassem rapidamente à formação de uma intensa ligação com ela. Com que rapidez poderia ser formada essa ligação? Alguns pesquisadores se preocuparam muito com esse problema. Logo ficou claro que a rapidez com que as ligações se formam depende de vários fatores — por ex., o tipo de estimulação "liberadora", a idade do animal quando da exposição inicial a essa estimulação, a atividade do animal na época da instrução, e assim por diante. No caso dos estudos iniciais surgiu um importante problema, isto é, como julgar o desenvolvimento efetivo de ligação com uma figura; a estimativa da rapidez de formação e intensidade das ligações poderia depender, evidentemente, dos critérios usados para verificar sua existência.

O que é que constitui uma ligação? Como vimos no Cap. 2, a ligação pode ser avaliada através de: 1) testes de reconhecimento, ou 2) testes de discriminação. Se se usa o primeiro desses métodos, o sujeito experimental é colocado várias vezes diante da mesma figura. A extensão da ligação assim formada é indicada pela intensidade das respostas de aproximação e acompanhamento do animal, quando examinado com essa figura. Evidentemente, supõe-se a existência de estampagem apenas se as respostas no teste podem ser consideradas como adquiridas e não resultam apenas de maturação. O outro método para avaliar a ligação é "instruir" o sujeito com uma figura e depois examiná-lo quanto à escolha entre a figura original e uma figura nova. Considera-se que houve estampagem se o animal se aproxima da figura original e passa a segui-la, e não faz isso com a figura nova, desde que se possa mostrar que essa escolha não se deve a alguma preferência intrínseca e inata do animal pela figura escolhida.

É muito possível que uma ave recém-saída do ovo tenha formado uma intensa ligação com alguma figura — segundo se julga pelo primeiro critério — mas que não o tenha feito, quando se considera o segundo. Vale dizer, um animal poderia seguir vigorosamente o objeto original, por exemplo, alguns dias depois da experiência inicial, mas só faria uma discriminação muito fraca entre esse objeto e outros apresentados. Isso ocorreria se o gradiente de generalização de estímulo não fosse muito inclinado.

A generalização do estímulo da estampagem não foi muito extensa e nem muito sistematicamente pesquisada. No entanto, Hinde, Thorpe e Vince (1956) usaram um objeto para "instruir" seus frangos-d'água e carquejas, e outro objeto para verificar as respostas de acompanhamento de seus animais. As aves freqüentemente acompanhavam o modelo do teste, embora menos persistentemente do que o modelo da "instrução". Considerou-se que a ocorrência de generalização significava que a estampagem não seria irreversível; nesse estudo, a reversibilidade era considerada como a tendência para que os animais instruídos com um objeto mais tarde seguissem objetos diferentes.

Jaynes (1956) também descreveu uma generalização. Expôs pintinhos domésticos a um cubo verde em movimento ou a um cilindro vermelho, também em movimento. Mais tarde, cada animal era examinado com o objeto com o qual não tinha tido experiência. Apesar de redução na realização, os pintinhos mostraram considerável grau de generalização. Moltz (1960), usando uma imitação de pato e um cubo de papelão verde, e com um processo semelhante ao de Jaynes, encontrou generalização até certo ponto marcante em marrequinhos de Pequim. Cofoid e Honig (1961) "instruíram" pintinhos domésticos com um objeto azulado, examinando-os depois com certa amplitude de objetos, com colorido de amarelo a verde. Também esses pesquisadores encontraram certo grau de generalização nas respostas dos animais estudados, embora não uma transferência completa de instrução.

Como já vimos, um animal que responda intensamente, de maneira positiva, ao objeto original, mas generalize amplamente suas respostas para objetos mais ou menos semelhantes, seria julgado, por nosso primeiro critério de estampagem, como bem ligado ao objeto; no entanto, pelo segundo critério, seria considerado como mal ligado. Apesar disso, um animal que responde positivamente, embora de maneira fraca, ao objeto original, embora reaja intensamente contra novos objetos, seja correndo deles, seja mostrando medo, poderia ser considerado como levemente "estampado" pelo primeiro critério, e intensamente estampado pelo segundo — isto é, pelo critério de discriminação.

Pode-se sustentar que, a não ser que um animal mostre discriminação entre o objeto original e novos objetos, não se provou a estampagem. O termo estampagem, tal como foi inicialmente empregado, certamente supunha a formação da capacidade para discriminar entre padrões de movimento, forma, cor, som, etc., e responder de forma diferente a eles. Está claro que o estabelecimento de qualquer ligação supõe a aquisição de *certa* capacidade do animal para diferenciar as figuras conhecidas das estranhas. Por isso, alguns pesquisadores afirmaram que apenas um teste de discriminação poderia verificar a estampagem. Outros pesquisadores consideraram o teste menos rigoroso de reconhecimento como critério aceitável de estampagem. Inicialmente consideraremos alguns estudos que se basearam no critério de reconhecimento, e depois alguns outros em que se usou o critério de discriminação.

Em 1952, Margaret Nice, impressionada com os resultados que Fabricius publicara no ano anterior, procurou provocar estampagem, ligada a ela mesma, em alguns filhotes (recém-saídos do ovo) de padejadores (*shovellers*), espécies cabelas vermelhas e *Godwall* de patos selvagens. Nice (1953) conseguiu fazer isso chamando os patinhos de um dia e movimentando a sua mão na presença dos animais. Todos os patinhos a seguiram, e continuaram a responder a seus chamados até a idade de doze dias. Pode-se supor, embora isso não tenha sido verificado, que os patinhos sem a experiência de seguir a experimentadora desde o primeiro dia não o fariam com vários dias de idade. Aparentemente, em nenhum momento os patinhos foram examinados para verificar sua escolha entre a experimentadora e outras pessoas.

Jaynes (1957) expôs, individualmente mais de cinqüenta pintinhos domésticos, durante meia hora, a um cubo verde com quinze centímetros; este cubo se movimentava irregularmente, de cima para baixo, num estrado com três metros de comprimento. Cada um dos pintinhos foi examinado com o cubo, dez dias depois da experiência inicial. Verificou-se que os animais que tinham sido "instruídos" no início da vida tendiam a seguir o objeto estimulador. Em outro estudo, Jaynes (1958a) instruiu pintinhos, expondo-os a objeto em movimento, e por períodos variáveis de tempo, durante os quatro primeiros dias de vida. Aos trinta e aos setenta dias de idade os pintinhos foram testados individualmente com o mesmo objeto. Verificou-se que alguns estavam ligados ao objeto, apesar do intervalo muito longo entre as sessões de instrução e o teste.

Moltz e Rosenblum (1958a) fizeram outro estudo que utilizava o critério de reconhecimento para verificação da estampagem. Com um estrado e um objeto em movimento muito semelhantes aos de Jaynes, Moltz e Rosenblum expuseram, individualmente, marrequinhos de Pequim ao objeto de teste durante vinte e cinco minutos por dia, todos os dias a partir do momento em que saíram do ovo; fizeram isso durante quinze dias seguidos. Separaram treze animais que apresentavam muito acompanhamento inicial e, depois, para cada um deles calcularam uma "nota de movimento", baseada em tempo gasto perto do objeto em movimento. A Fig. 1 mostra as notas medianas de movimento para o grupo, em função de tentativas. Verificou-se que o acompanhamento era mais intenso entre o terceiro e o sexto dias. A partir

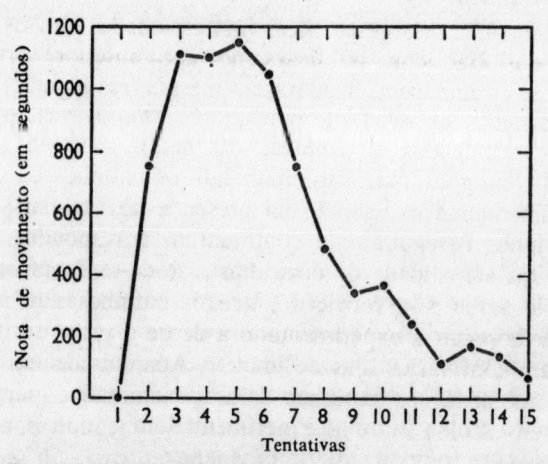

Fig. 1. Notas medianas de movimento, como uma função de tentativas (de Moltz e Rosenblum, 1958a).

de então o acompanhamento perdia intensidade, e isso levou os pesquisadores à conclusão de que a estampagem não seria menos irreversível do que outros tipos de comportamento aprendido. Pode-se notar que, neste estudo, a reversibilidade se referia à redução em respostas ao objeto original, e não a uma generalização de respostas a objetos estranhos.

Com relação ao critério de estampagem, está na mesma categoria dos estudos acima considerados o primeiro experimento da série realizada por H. James. James (1959) usou, como sujeitos, trinta e seis pintinhos domésticos, comprados de uma firma comercial, colocando-os no laboratório em compartimentos individuais. O estímulo usado não foi um objeto em movimento, mas uma luz oscilante (ver Cap. 3). A partir da idade de aproximadamente quarenta e oito horas, cada pintinho tinha uma série de tentativas. Cada uma destas começava quando o pintinho era colocado diante de uma parede lateral, no centro do estrado de três metros. Uma tentativa consistia na exposição do pintinho, durante cinco minutos, a luzes intermitentes que apareciam através de orifícios colocados numa das extremidades do estrado. Cada pintinho tinha duas tentativas por dia, durante sete dias, e uma tentativa no oitavo dia. Durante as tentativas, iluminava-se uma ou outra das extremidades do estrado, numa seqüência que assegurasse que o pintinho não criasse o hábito de virar-se sempre para um dos lados. A iluminação era intermitente em três freqüências diferentes, e os pintinhos eram distribuídos, ao acaso, quanto à duração do experimento (a um, entre três ritmos de pisca-pisca). A distância de cada pintinho com relação à luz pisca-pisca era medida a cada 30 segundos durante a tentativa de cinco minutos. Os resultados são apresentados na Fig. 2. Com o passar das tentativas, cada pintinho passava cada vez mais tempo ao lado das luzes pisca-pisca, bicando-as, ou andando lentamente à sua frente, bicando a serragem no chão.

Como se disse antes, Salzen e Sluckin (1959a, b) "instruíram" pintinhos com uma caixa em movimento, e depois os examinaram com a mesma caixa. Como os pintinhos do grupo experimental não eram examinados quanto à sua capacidade para discriminar entre o objeto conhecido e novos objetos, os pesquisadores tiveram dúvida em dizer que tivesse ocorrido estampagem. O processo era o seguinte: no primeiro grupo, os pintinhos eram expostos, individualmente a cinqüenta movimentos de oscilação da caixa, o segundo grupo a dez movimentos, o terceiro grupo à caixa parada;

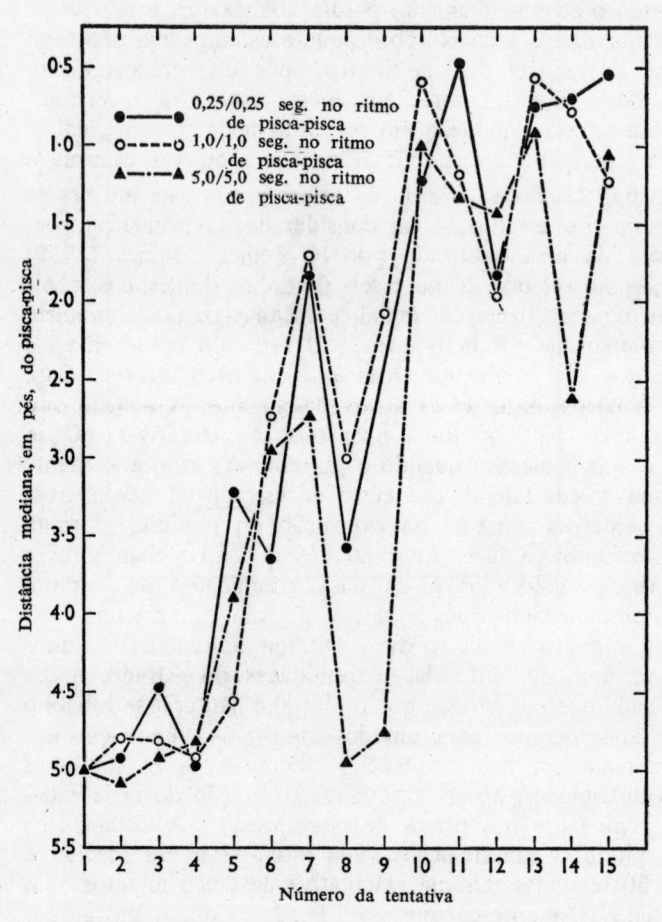

Fig. 2. Distância mediana, em pés, de cada grupo de pintinhos com relação à extremidade do estrado em que a luz se acendia e apagava, como uma função do número da tentativa (de James, 1959).

em todos os casos, a exposição durava um minuto. Os pintinhos tinham essa experiência no dia posterior àquele em que saíam do ovo. Depois, diferentes grupos de pintinhos eram examinados de um a seis dias depois da instrução (que neste estudo era denominado "o primeiro teste"). A Fig. 3 resume os resultados obtidos. Os pintinhos que tinham tido experiência mostravam número significativamente maior de respostas positivas à caixa do que aqueles que não a tinham visto em movimento.

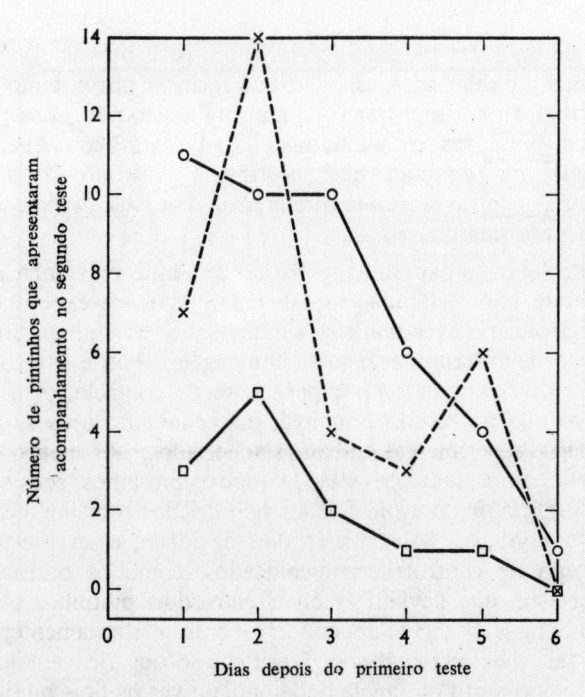

Fig. 3. Número de aves em cada grupo de 25 pintinhos que apresentaram pelo menos uma resposta a 10 movimentos da caixa, em testes realizados de 1 a 6 dias depois da primeira experiência.

○: 50 experiências no primeiro teste
×: 10   "   "   "   "
□: 0   "   "   "   "
(de Salzen e Sluckin, 1959).

Há muito tempo, Pattie (1936) inventou um teste de discriminação entre figuras conhecidas e desconhecidas na situação de estampagem, embora esse autor não estivesse explicitamente interessado por esse aspecto. Na realidade, Pattie estava tentando descobrir se a tendência de associação em pintinhos novos era inata ou adquirida. Conservou pintinhos visualmente isolados de outros, até que tivessem quatro dias de idade, e depois os examinou individualmente quanto à sociabilidade, durante trinta minutos por dia, diariamente e durante seis dias. Na situação de teste, o pintinho era colocado num compartimento em que duas paredes opostas eram feitas de vidro; através de uma delas, era possível ver dois pintinhos; através da outra, dois camundongos brancos. Quando o pintinho do grupo experimental estava perto de uma das paredes de vidro, seu peso provocava abaixamento do chão nessa área, o que fechava um circuito elétrico, de forma a registrar o tempo total gasto perto dos ratos ou dos pintinhos estimuladores. Pattie verificou que, no conjunto, os pintinhos não mostravam "instinto gregário", pois não mostravam clara preferência por sua espécie com relação aos camundongos.

Portanto, o experimento básico de Pattie não tinha relação direta com estampagem; no entanto, o seu experimento de controle, notável por sua simplicidade, era um protótipo do teste de discriminação de estampagem. Pattie usou quarenta e dois pintinhos no experimento de controle, o mesmo número que no estudo principal, mas enquanto seus sujeitos do grupo experimental tinham sido criados, até quatro dias de idade, em isolamento visual de outros pintinhos, seus sujeitos do grupo de controle tinham sido criados socialmente, em pequenos grupos. Aos quatro dias de idade, esses pintinhos do grupo de controle eram colocados, como os outros, na situação em que deviam escolher entre dois pintinhos e dois camundongos brancos, repetindo-se o teste diariamente, durante seis dias consecutivos. Verificou-se que ficavam muito mais tempo perto da janela onde podiam ver os dois pintinhos do que perto daquela em que veriam os camundongos brancos. Pattie concluiu que a associação em pintinhos resultava de experiência precoce com outros pintinhos. A ligação de pintinhos criados com outros pode ter resultado de estampagem. Evidentemente, a ligação poderia ter resultado de aprendizagem associativa; em temperaturas abaixo da ideal, o calor resultante de contato poderia ter provocado a ligação mútua entre os pintinhos. No entanto, há provas (ver secção posterior, neste capítulo) de que, quando criados juntos, os pintinhos provocam estampagem mútua.

Um teste de discriminação de estampagem foi empregado por Fabricius (1951a) a fim de verificar se os patinhos que usara se aproximariam de um objeto conhecido, passando a segui-lo depois, e se se afastariam de um objeto desconhecido. Fabricius e Boyd (1954) e Fabricius (1955) descreveram dois experimentos, com doze patinhos em cada um, e em que se pesquisaram as respostas de discriminação a dois modelos. Num grupo de patinhos, estes viam uma "bexiga" na primeira tentativa, e os do segundo grupo viam uma caixa marrom. Em tentativas posteriores, depois de um intervalo de dois ou mais dias, alguns patinhos viam apenas o objeto original, enquanto outros viam apenas um objeto novo; no entanto, outros podiam escolher entre o modelo conhecido e o estranho. Alguns patinhos seguiram tanto o objeto estranho quanto o conhecido, mas em todos os casos as respostas ao objeto estranho eram menos positivas e não eram acompanhadas por pios de contentamento. Nas tentativas de escolha, os modelos conhecidos eram preferidos aos novos.

Jaynes (1956) usou um teste de discriminação em um de seus experimentos. Expôs individualmente seis pintinhos, por meia hora por dia, durante os quatro primeiros dias de idade, a um cubo verde em movimento, e seis outros pintinhos a um cilindro vermelho em movimento. No quinto dia, cada pintinho podia escolher entre os dois objetos, que então estavam parados. Os resultados foram muito claros: todos os animais com experiência do cubo dirigiram-se para este, e todos com experiência anterior com o cilindro dirigiram-se para ele. Num experimento posterior, Jaynes (1958b) usou oito pintinhos, e também os expôs individualmente a um objeto em movimento (um cilindro vermelho), durante trinta minutos por dia, nos quatro primeiros dias de vida. Depois de cada sessão, estudava-se a generalização de estímulo através da exposição de cada pintinho, por curto período de tempo, a objetos diferentes, quanto a cor e forma, do objeto original. Depois, no quinto dia, cada pintinho era examinado durante uma sessão de quarenta e cinco minutos, quanto à discriminação entre o objeto conhecido e um dos objetos estranhos, quando ambos se moviam no estrado ao mesmo tempo. Jaynes verificou que os pintinhos tendiam, no conjunto, a seguir o objeto conhecido e não qualquer dos objetos estranhos.

Para examinar os patinhos quanto a estampagem, Hess (1957) usou o método de discriminação antes já desenvolvido por Ramsay e Hess (1954), e rapidamente descrito no Cap. 2. Estudos posteriores que empregavam o teste de escolha tendiam, no entanto, a preferir técnicas mais semelhantes às de Pattie ou Jaynes. Guiton (1959) instruiu individualmente pintinhos com um objeto em movimento num estrado circular, no dia seguinte àquele em que saíram do ovo. Cada pintinho via, aos quatro dias de idade, dois objetos simultaneamente, um dos quais era novo, enquanto o outro era conhecido. Os animais tendiam a responder positivamente ao objeto conhecido e negativamente ao estranho; um objeto desconhecido só seria aceito e seguido quando o objeto original não estivesse disponível. Sluckin e Taylor (1964) instruíram pintinhos, dois dias depois de saírem do ovo, diante de um objeto em movimento; a instrução durava três horas e os animais eram examinados na hora seguinte quanto à discriminação entre o objeto conhecido e um outro objeto. Num dos experimentos, o objeto conhecido e o novo se moviam, no teste, pelo estrado; em outro experimento, os objetos ficavam parados; nos dois casos, os pintinhos discriminavam entre os objetos, preferindo aquele com que já tinham experiência. Smith e Hoyes (1961), em um dos seus experimentos, expuseram seis pintinhos ao disco giratório preto e branco, já citado no último capítulo, por curtos períodos, e durante sete dias; de forma semelhante, expuseram outros pintinhos a um disco com luz pisca-pisca. No oitavo dia, cada pintinho enfrentava os dois discos ao mesmo tempo, colocados a certa distância um do outro. Em todos os casos os animais se aproximavam do objeto estimulador conhecido e ficavam perto deste.

II. DURAÇÃO DAS LIGAÇÕES

Uma vez formadas, quanto duram as ligações? Lorenz (1935, 1937b) pensou que a estampagem fosse irreversível. Isso poderia supor que não houve generalização para novas figuras, ou estabilidade da resposta de acompanhamento a qualquer figura, ou ambas as coisas (cf. Moltz, 1960). Como já notamos antes, a generalização ocorre na estampagem, tal como no condicionamento. Agora, consideraremos a estabilidade de ligações resultantes de estampagem.

As primeiras observações de acompanhamento em diferentes espécies de patos selvagens indicaram que o acompanhamento intenso se reduzia por volta de três semanas depois de o filhote ter saído do ovo (Fabricius, 1951a; Nice, 1953). Fabricius e Boyd (1954) verificaram que patinhos *mallard* deixavam de apresentar acompanhamento com aproximadamente dez dias de idade; no entanto, esses patinhos, como tinham crescido juntos, poderiam ter desenvolvido mais estampagem mútua do que estampagem a qualquer outra figura; se tivessem sido criados no isolamento, poderiam ter continuado a apresentar acompanhamento por mais tempo. Nas pesquisas de Hinde, Thorpe e Vince (1956), as respostas de frangos-d'água reduziam-se marcantemente com a idade de quatro a cinco semanas, e as de carquejas por volta de sete a oito semanas.

Em alguns dos primeiros estudos de estampagem, os pesquisadores tendiam a usar figuras que apresentassem estimulação em mais de uma modalidade. Mais tarde, quando se passou a saber mais coisas a respeito dos aspectos essenciais dos liberadores de aproximação e afastamento, configurações mais simples de estímulos começaram a ser usadas. Em estudos de laboratório, era conveniente ter sessões relativamente curtas de estampagem. E, dessa forma, começaram a ser observados efeitos de quantidades muito limitadas de experiência inicial. Sob tais condições, verificou-se que a duração das ligações era muito curta; vale dizer, verificou-se que tais ligações eram relativamente instáveis. Salzen e Sluckin (1959b) verificaram que a experiência, de poucos minutos, com uma caixa em movimento, no primeiro dia depois da saída do ovo, deixava certo "traço de memória" da caixa nos seus pintinhos do grupo experimental; no teste, os pintinhos que tinham tido a experiência apresentavam mais acompanhamento do que os do grupo de controle (sem experiência) até cinco dias depois da "instrução".

Mais ainda, esses pesquisadores verificaram, dois dias depois da instrução, uma diferença de desempenho entre os animais que tinham tido uma experiência inicial com a caixa em movimento, durante aproximadamente dois minutos, e os que inicialmente tinham tido experiência de oito minutos. Por isso, a estabilidade de ligação parecia ser uma função da extensão da experiência inicial. Jaynes (1958), em outras circunstâncias, também verificou a mesma coisa. Os pintinhos do grupo experimental tinham estampagem mais intensa, e foram examinados aos trinta e aos setenta dias depois da instrução; a resposta ao teste estava relacionada à quantidade de experiência inicial com o objeto em movimento. O resultado de Jaynes quanto à permanência da estampagem em pintinhos foi amplamente confirmado por Guiton (1961). Com caixas que emitiam sons de cacarejo, Guiton verificou que os pintinhos com boa estampagem só deixavam de seguir tais objetos em movimento quando tinham entre oito e doze semanas de idade.

As várias pesquisas que acabam de ser mencionadas tinham interesse por retenção relativamente a longo prazo de instrução na estampagem. Sluckin e Taylor (1964), ao contrário, pesquisaram os efeitos de estampagem alguns minutos depois da "instrução" inicial, e não alguns dias depois disso. Usaram testes de reconhecimento e discriminação de retenção. Num experimento, pintinhos domésticos foram expostos, dois dias depois de saírem do ovo, a um objeto em movimento, durante um período de três horas. Alguns dos animais foram examinados individualmente, quanto a acompanhamento do objeto, quase imediatamente depois da "instrução"; outros, foram examinados meia hora depois. Verificou-se que o acompanhamento era significativamente melhor meia hora depois da sessão de "instrução". Considerou-se que esse aperfeiçoamento de acompanhamento depois de um intervalo de tempo estava associado à eliminação de "saciedade do impulso", resultante da longa sessão de estampagem.

Em outro experimento, Sluckin e Taylor instruíram individualmente, como antes, quarenta e oito pintinhos, e depois examinaram cada um quanto à discriminação entre o objeto original e os novos objetos em movimento. Os animais foram divididos em quatro categorias: doze, quase imediatamente depois da instrução, doze depois de cinco minutos, doze depois de quinze minutos e doze depois de quarenta e cinco minutos. As notas de discriminação foram baseadas em observações das preferências dos animais, e iam de — 1 a + 2 para cada pintinho (portanto, a nota máxima total por grupo de doze poderia ter sido vinte e quatro). Os resultados são apresentados na Fig. 4. Como se pode ver, a discriminação continuou a melhorar à medida que aumentava o intervalo de tempo entre a instrução e o teste. Também neste caso, pensou-se que a superação da "saciedade do impulso" fosse responsável pelos resultados. Em outro experimento, pintinhos instruídos de forma semelhante foram examinados quanto à discriminação entre o objeto inicial e um objeto estranho, quando ambos estavam parados. Em tais condições,

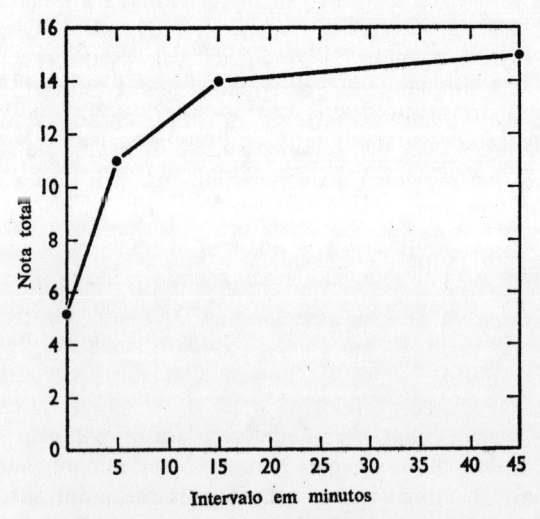

Fig. 4. Notas de discriminação total depois de diferentes intervalos de tempo (de Sluckin e Taylor, 1964).

a discriminação tendia a ser um pouco pior depois de intervalo de tempo do que imediatamente depois da instrução. Pode-se especular quanto à razão para a inexistência de aperfeiçoamento de discriminação depois de um intervalo de tempo, quando as condições de exame diferiam nitidamente das usadas na instrução.

III. ESTAMPAGEM E SOCIALIZAÇÃO

Considerando-se a extrema falta de especificidade nos estímulos que inicialmente provocam aproximação e acompanhamento, pode-se esperar que os filhotes tenham estampagem, não com relação à mãe, mas com relação um ao outro, e à sua espécie em geral. Isso asseguraria a aproximação dos animais semelhantes entre si, pois os membros de uma espécie se reconheceria mutuamente como tais. A aprendizagem de características da espécie tem sido denominada aprendizagem supra-individual.

Pode-se perguntar, como o fez Pattie (1936), se os animais instintivamente reconhecem outros membros de sua espécie. Esse reconhecimento instintivo poderia ocorrer em algumas espécies, mas não em outras. Lorenz (1935) notou que os filhotes de muitos pássaros não se comportavam como se instintivamente pudessem reconhecer sua espécie; quando criados em isolamento, mais tarde não respondiam de maneira normal a membros de sua espécie; quando criados por seres humanos, comportavam-se com relação a estes como se fossem seus semelhantes naturais.

Schooland (1942) realizou extensivos experimentos com patinhos e pintinhos, com a presença de verificar que aspectos do comportamento dessas aves seriam inatos, e quais deles seriam aprendidos. Numa série de pesquisas, patinhos e pintinhos foram criados em grupos mistos durante dez e dezoito dias. Esses animais foram depois individualmente examinados quanto a uma escolha entre um pintinho e um patinho, ou entre um grupo de pintinhos e um grupo de patinhos. Schooland verificou que havia uma tendência para que as aves se aproximassem de suas semelhantes, mas, em número considerável de casos, os patinhos se aproximavam de pintinhos e os pintinhos de patinhos. Portanto, a criação comum não deixou de ter alguns efeitos.

Em alguns casos, foram descritas ligações pouco usuais entre pássaros. Por exemplo, Nice (1950) descreveu um caso de filhotes de tordo-menor-cantador (criado em gaiola) e cujos companheiros eram um curiango, um icterídeo e pessoas. O tordo-menor-cantador criou uma ligação marcante com o curiango, mas sua ligação com as pessoas era ainda mais forte e continuava depois de o pássaro ficar inteiramente independente. Evidentemente, tais ligações poderiam resultar facilmente de condicionamento através de prêmios. No entanto, parece que é muito grande a possibilidade de que, em tais condições, as pesquisas experimentais revelem o papel da estampagem.

Como já foi dito antes, Cushing e Ramsay (1949) criaram famílias mistas de aves em que a mãe adotiva e seus filhotes eram de espécies diferentes; várias galinhas e patas foram usadas como mães adotivas de filhotes de peru, codorniz e faisão, e diferentes espécies ou raças de patinhos e pintinhos. As "famílias" heteroespecíficas formaram-se facilmente. Ficou claro que a formação de laços de família em certo número de espécies de aves não depende de determinantes hereditários. Não ficou muito claro se os laços intra-familiares se formavam entre irmãos tão bem quanto entre a mãe adotiva e seus filhos. Alley e Boyd (1950) admitiram que o reconhecimento pais-filhos, que estudaram em carquejas, era parte do problema mais amplo de reconhecimento intra-específico. Ramsay (1951) pensou que o reconhecimento de membros da família dependeria de estampagem. Se isso é verdade, seria possível perguntar se a formação de grupos também não se estabelece através da estampagem. Collias (1952) discutiu nesses termos o desenvolvimento de "ligações sociais" em pintinhos. Em artigo mais recente, Collias (1962) sustentou que os primeiros estádios de socialização se estabelecem na formação dos laços entre a mãe e seus filhos, e que isso seria seguido por ligações mútuas entre os filhotes, e, de modo geral, entre membros da espécie.

Fabricius (1951a) notou uma grande tendência para agrupamento em patinhos. Esta tendência poderia ser superada num patinho apenas se nele se desse estampagem de algo que não fosse outro patinho. Weidmann (1958) admitiu que, em patinhos recém-saídos do ovo, havia a mesma resposta básica em aproximação e acompanhamento da primeira figura em movimento e na tendência para agrupamento. Gray (1958) observou que o que denominou "resposta de reunião" de irmãos recém-nascidos era provocado pelo mesmo tipo de estimulação que instigava o acompanhamento dos pais; a aproximação e o acompanhamento com o tempo se solidificariam em ligações duradouras. Weidmann (1958) apresentou a opinião de que a estampagem provocaria o desenvolvimento de um impulso para contatos sociais.

Ramsay e Hess (1954) conseguiram fazer com que patinhos que hesitavam em seguir um modelo em movimento chegassem a isso quando os colocaram na companhia de outros patinhos, que anteriormente tinham passado por estampagem com relação a esse modelo. Klopfer (1959a) usou patinhos "líderes" treinados para estimular outros três ou quatro patinhos para seguir o experimentador quando, de outra forma, não o faziam. Tais resultados indicam a importância do elemento social no comportamento de estampagem no laboratório. No entanto, o passo seguinte para a compreensão da relação entre estampagem com relação à figura da mãe e a irmãos foi atingido, em grande parte, através dos estudos de Guiton.

Guiton (1958) verificou que, ao contrário do que ocorria com pintinhos criados no isolamento, os pintinhos criados em grupos, depois de chegarem à idade de aproximadamente três dias, não tentavam seguir um objeto em movimento quando o viam pela primeira vez. Admitiu que essa interrupção de respostas era devida ao fato de que, no momento em que os pintinhos socialmente criados chegavam a três dias de idade, já estavam muito ligados entre si; ver Guiton (1959). Mais tarde, Sluckin e Salzen (1961) confirmaram inteiramente os resultados de Guiton. Também James (1960b) mostrou que pintinhos socialmente criados tinham menos tendência para aproximar-se de uma luz oscilante do que pintinhos que tinham sido criados no isolamento. Estava claro, em todos esses casos, que a estampagem anterior impedia ou dificultava a estampagem subseqüente.

Outros experimentos de Guiton (1961) mostraram que os pintinhos que, em grupos, passavam por estampagem com relação a objetos, apresentavam estampagem menos eficiente do que pintinhos isolados. Tal como ocorreu em estudo anterior de patinhos realizado por Klopfer (1959a), esses animais geralmente seguiam um ou dois líderes, e não o objeto; a liderança freqüentemente passava de indivíduo a indivíduo. Guiton sugeriu que a relativa ineficiência de "instrução" em grupo poderia ser em parte devida ao fato de que, durante o acompanhamento, cada pintinho respondia durante parte do tempo a outros pintinhos, e não à figura de instrução, e dessa forma sofria estampagem da figura e dos outros pintinhos. Por determinado período de instrução, os pintinhos instruídos em grupos gastam menos tempo em acompanhar a figura do que os pintinhos instruídos individualmente. Como a intensidade de ligação com uma figura tende a ser proporcional ao tempo de exposição a ela, não é surpreendente que a instrução em grupo — em que cada pintinho parece ser exposto por apenas parte do tempo à figura — seja relativamente ineficiente.

O que quer que esteja incluído no comportamento social, este depende da capacidade do indivíduo para reconhecer membros de sua espécie e da tendência para aproximar-se deles e com eles ficar. Pattie (1936) mostrou que o comportamento social em pintinhos se desenvolvia em conseqüência da criação com sua espécie. Taylor e Sluckin (1964a) foram um pouco mais longe. Criaram, em pares, alguns pintinhos recém-saídos do ovo; também criaram alguns em isolamento, mas com uma caixa de papelão que se movimentava num estrado circular. Depois de ficarem um dia sob tais condições, todos os animais foram examinados individualmente na parte central de um estrado retangular. As duas extremidades desse estrado estavam cercadas; uma delas continha um pintinho, e a outra uma caixa giratória de papelão. Os pintinhos criados socialmente tentavam "passar" a tela de arame que os separava do antigo companheiro. Os pintinhos criados com a caixa em movimento ficavam tão próximos desta quanto podiam, e vigorosamente enfiavam a cabeça pela tela, tentando chegar à caixa.

Esses estudos indicam como as ligações sociais estampadas podem ser fortes. O que ocorre, no entanto, quando não se permite a formação de ligações? Baron e Kish (1960) procuraram verificar como o isolamento social inicial poderia perturbar o comportamento gregário usual do pintinho doméstico. Esses pesquisadores criaram alguns pintinhos em isolamento social completo, alguns em pares, alguns em grupo, durante as quatro primeiras semanas de vida. No fim desse período, realizaram-se observações de reação social de cada pintinho. O aparelho consistia de um compartimento de teste, com dois compartimentos vizinhos, separados do primeiro por telas de arame. O pintinho a ser examinado era colocado por duas horas no compartimento de teste, enquanto outro pintinho, o "animal estimulador", era colocado em um dos compartimentos vizinhos. O tempo gasto pelo pintinho do grupo experimental durante o teste, no terço mais próximo do animal estimulador era automaticamente registrado. Inicialmente, verificou-se que os pintinhos socialmente criados e os criados em pares ficavam período de tempo significativamente maior perto do pintinho estimulador do que os criados em isolamento.

No segundo estádio do experimento de Baron e Kish, todos os pintinhos foram colocados numa caixa comum. Com dez semanas de idade, todos foram examinados novamente da mesma forma que com quatro semanas. Nesse momento, não houve diferenças significativas no comportamento de grupos de pintinhos inicialmente criados sob condições diferentes. A estampagem mútua dos pintinhos deve ter sido parcialmente responsável pela maior tendência dos socialmente criados para, com quatro semanas de idade, aproximar-se do animal estimulador. Ainda não é possível dizer se a estampagem foi também responsável, em parte, pela posterior socialização dos pintinhos inicialmente criados no isolamento. Há muitas indicações de que seria improvável a ocorrência de estampagem em pintinhos que já tinham de quatro a dez semanas de idade. Apesar disso, essa possibilidade não pode ser afastada. No Cap. 6 consideraremos os dados sobre uma coisa e outra.

Scott (1958a) deu à socialização, que está enraizada em experiências relativamente precoces, e que provavelmente em grande parte depende de estampagem, o nome de socialização primária. Hess (1962a) chega a dizer que "a estampagem se refere à formação primária de laços sociais em animais recém-nascidos". De qualquer forma, a socialização primária parece determinar a espécie a que o indivíduo se torna ligado; usualmente, essa espécie é a do indivíduo, mas em circunstâncias especiais podem formar-se ligações a espécies estranhas. A socialização secundária — segundo a denominação de Scott — a animais ou seres humanos ocorre em período posterior da vida. Presume-se que a socialização secundária dependa principalmente, ou inteiramente, de aprendizagem instrumental e premiada.

Scott mostra que os cãezinhos que podem ficar isolados até aproximadamente doze semanas de idade podem depois ficar mansos; essa seria a socialização secundária com relação a seres humanos. No entanto, esses cães sempre ficam um pouco tímidos e respondem menos a pessoas do que os cães que recebem instrução em época anterior de suas vidas. Num contraste completo com esse caso, os cãezinhos criados na mão desde a mais tenra idade crescem sem qualquer medo de seres humanos. Neste caso, como em muitos outros, o resultado de aprendizagem inicial parece diferir do resultado de aprendizagem posterior. No Cap. 8 discutiremos a aprendizagem inicial e a aprendizagem posterior; os efeitos específicos das experiências iniciais serão tratados no Cap. 10.

Existem algumas provas de que os filhotes de pássaros podem ficar ligados, ao mesmo tempo, a mais de uma figura (cf. Fabricius, 1951a; Hinde, Thorpe e Vince, 1956; Jaynes, 1957; Guiton, 1959). Os cãezinhos, que desde muito cedo ficam em contato com seres humanos e cães, ficam fortemente ligados aos dois. Podemos, como Scott (1958a), perguntar se métodos "aperfeiçoados" de criar bebês humanos não poderiam talvez "aumentar a diversidade de pessoas que mais tarde poderão tolerar e com quem poderão ajustar-se em relações adultas".

IV. FIXAÇÕES DO COMPORTAMENTO SEXUAL

Por mais ligado que um animal imaturo esteja a determinada figura, ao crescer deixa de aproximar-se dela e de segui-la. Em si mesmo, isso não indica necessariamente que o animal tenha "esquecido" a ligação. Aparentemente, a escolha dos objetos de interesse sexual, por indivíduos maduros, pode ser às vezes influenciada por suas experiências de estampagem inicial.

Como se mencionou no Cap. 1, Craig (1908) citou alguns estudos significativos de Whitman, contemporâneo seu. Whitman verificou que alguns pombos bravos (*passenger pigeons*) da América do Norte (hoje uma espécie extinta), que tinham sido criados por pombos torcazes, mais tarde se acasalavam com pombos torcazes, e não com sua espécie. Craig concluiu que os pombos não têm tendência inata para acasalamento com pássaros de qualquer espécie determinada. Pensou que aprenderiam a cortejar indivíduos da espécie de seus pais de criação, associando-os à alimentação. Nessa época não se considerava a possibilidade de que a aprendizagem por exposição sem prêmio pudesse influir na direção do impulso sexual.

Craig (1914) descreveu também um caso de quatro pombos torcazes "loiros", afastados de seus pais depois da idade de dependência de alimentação dada por eles, mas bem antes da maturidade, e criados em isolamento visual de outros pombos. Com um ano de idade, esses pombos dirigiam suas respostas sexuais à mão do experimentador que se tinha tornado um objeto conhecido. Diante de uma fêmea, inicialmente a ignoravam, embora depois, lentamente aprendessem a cópula normal. Mesmo depois de aceitar a pomba como um objeto de corte sexual, os quatro machos continuavam a reagir positivamente a seres humanos.

Em certa época, Whitman conservou um pombo dentro de casa; mais tarde, quando chegou a estação de acasalamento, Whitman verificou que o pombo começou a mostrar interesse pelo experimentador (Carr, 1919). Carr, o psicólogo que organizou a edição dos trabalhos de Whitman, sugeriu a seguinte explicação para o estranho comportamento do pombo:

> Enquanto vivia com o tratador, o pombo pode ter vivido em isolamento completo com relação a outros pombos, e o ambiente humano era talvez o único em que vivia com certo grau de intimidade; essa instrução inicial pode ter fixado de tal forma seus hábitos de interesse e atenção, que persistiam por algum tempo depois de ter companheiros de sua espécie.

Anos mais tarde, Goodwin (1948) descreveu "algumas fixações sexuais em pássaros", quase todos pombos, e que tinha criado entre 1933 e 1940. Uma rola cortejava pombos domésticos e tentava copular com eles. Um pombo torcaz fazia exibições sexuais a pombos domésticos. Um pombo doméstico cortejava pombos selvagens da Europa (stock-dove). Uma pega estava fixada em pombos domésticos. Todos esses pássaros tinham estado, em diferentes graus, separados de sua espécie, e habitualmente viam pássaros de outras espécies por perto.

Räber (1948) mostrou que um peru, que passara por estampagem com relação ao homem, dirigia sua corte sexual exclusivamente para homens ou bonecos de homens; fugia de seres humanos que carregavam sacolas ou outros objetos oscilantes, ou tentava lutar com eles. No entanto, Raber verificou que os estímulos que iniciavam tentativas de cópula não pareciam ser os mesmos que provocavam a corte sexual; o peru, embora nunca cortejasse peruas, acasalava-se com elas.

Mais recentemente, Steven (1955) descreveu um caso de um gansinho, da espécie de gansos com testa branca, que ficou ligado a seres humanos e rejeitava indivíduos de outras espécies — por exemplo cisnes negros; não está claro o papel da aprendizagem com prêmios na formação dessa ligação. Von Frisch (1957) descreveu o comportamento de uma garça roxa que tinha sido criada no cativeiro; esse pássaro dirigia sua corte sexual, suas respostas de fazer ninho e acasalamento para seu pai adotivo, o pesquisador. Hess (1959c) provocou estampagem de um galo-do-mato com relação a ele, fazendo com que o galo ficasse separado de sua espécie durante o primeiro mês de vida; depois, o galo cortejava sexualmente seres humanos, e não fêmeas de sua espécie.

Hediger (1950) menciona um emu manso do Jardim Zoológico de Basiléia que regularmente, durante a estação de acasalamento, no inverno, tentava acasalar-se com seu tratador. Animais menores — segundo Hediger — muitas vezes ficam ligados ao sapato ou à perna de um ser humano, e não à pessoa global. Hediger (1955) cita uma interessante descrição anterior de Hodge quanto ao método de cruzar duas espécies de lhama — a alpaca e a vicunha. Aparentemente, isso só pode ocorrer quando uma vicunha macho, recém-nascido, fica ligado à mãe alpaca; apenas esses machos depois formarão pares com alpacas.

Entre os casos mais bizarros, deve ser citado um caso descrito por Heinroth e Heinroth (1959). No Jardim Zoológico de Schoenbrunn, em Viena, um pavão branco foi criado com tartarugas gigantes de Galápagos. Depois, o pássaro só demonstrava suas afeições a essas tartarugas. Lorenz (1955) afirmou que os pássaros de muitas espécies, quando "estampados" pelo homem, recusam-se a copular com "com-específicos"; isso, segundo Lorenz, tem sido observado, além de outros casos, em papagaios, cacatuas, corujões e gansos andinos. Nicolai (1956) mostrou que piscos chilreiros, quando criados distantes de indivíduos de sua espécie, se ligam ao tratador humano e tentam fazer a corte a este.

Vale a pena notar que, muitas vezes, tais fixações não são exclusivas. O pombo selvagem dos E.U.A. (*mourning-dove*) de Whitman finalmente se acasalou com fêmea de sua espécie. Goodwin (1948) teve uma pomba doméstica que se ligou sexualmente a ele, mas depois se acasalou com um pombo doméstico; essa fêmea, no entanto, continuava a reagir ao homem, mesmo depois de ter um par de sua espécie. Segundo Nicolai (1956), piscos chilreiros ligados ao tratador humano passariam a "com-específico do sexo oposto" se tivessem oportunidade para isso no seu primeiro outono ou primeiro inverno. Kear (1960) disse que uma fêmea de pardal de bico grosso, que tratava o experimentador como seu par, antes parecia comportar-se normalmente com par de sua espécie.

Fabricius (1962) indicou que a estampagem sexual, embora ocorra em pássaros nidículos (cujos filhotes recém-saídos do ovo ficam no ninho e aí são alimentados) — por exemplo, gralhas, corvos, corujas, abetouros, periquito australiano, pombos ou tentilhões — é muito rara em espécies nidífugas. No Wildfowl Trust, em Slimbridge, muitos patos e gansos foram criados por galinhas como mães adotivas; apesar disso, raramente se observou que tais patos ou gansos cortejassem a galinha doméstica.

Embora as fixações sexuais inadequadas ocorram em espécies nidículas, estas são as espécies em que é muito difícil verificar a presença de estampagem. Os nidículos recém-saídos do ovo estão inteiramente impotentes; são alimentados exclusivamente por seus pais ou por substitutos destes, e por isso é provável que desde o início ocorra condicionamento. Por isso, embora nas espécies nidífugas muitas vezes seja possível separar os efeitos de condicionamento e estampagem, nas espécies nidículas de pássaros as ligações, entre as quais as fixações sexuais, não podem ser facilmente atribuídas a um ou outro tipo de instrução inicial.

Guiton (1961) realizou algumas pesquisas de laboratório cuidadosamente controladas sobre o comportamento de pássaros nidífugos maduros. Conseguiu estampagem de pintinhos domésticos, na primeira semana de vida, com figuras de papelão, e depois estudou suas respostas combativas e de cortejamento sexual. Foram usadas duas figuras, com forma e cor diferentes, mas ambas capazes de emitir ruídos de choco. Alguns pintinhos foram instruídos com um modelo, e outros com modelo diferente; alguns foram instruídos individualmente, e outros em grupos de cinco pintinhos de cada vez. As aves do grupo de controle não foram instruídas a seguir um modelo, mas foram habituadas à situação experimental pouco antes de seu primeiro teste, com seis semanas de idade. Guiton examinou todos os frangos que tinham passado por estampagem, desde a idade de sete dias até a idade de vinte e quatro semanas. O teste exigia discriminação entre o modelo conhecido e o estranho. Foram também realizados testes de discriminação com os pintinhos do grupo de controle, desde a idade de seis semanas até a idade de vinte e quatro semanas. Algumas das aves, depois de vinte e quatro semanas de idade, tiveram outros testes do mesmo tipo, e também outros testes simultâneos de escolha entre um modelo conhecido e um modelo de galinha ou de galo.

Verificou-se que as aves que tinham passado pelo processo de estampagem continuavam a seguir as figuras em movimento até com a idade de oito a doze semanas, mas a intensidade do acompanhamento se reduzia gradualmente.

As aves instruídas individualmente tendiam a responder mais intensamente e mais seletivamente a figuras conhecidas do que as aves instruídas em grupos; ver o Cap. 6, onde são apresentados os efeitos de criação individual ou em grupo. De qualquer forma, os frangos que tinham passado pelo processo de estampagem tendiam, com oito semanas de idade, e às vezes antes, a ser agressivos com relação às figuras, da mesma forma que as aves dessa idade são agressivas com relação a seus companheiros. As aves do grupo de controle não apresentaram tais respostas com relação aos modelos. Os resultados referentes à corte sexual foram um pouco ambíguos. Dois frangos faziam a corte ao modelo de instrução, e continuaram a fazê-lo até o último teste, com quatorze meses de idade. Outros quatro, no entanto, não respondiam ao modelo da instrução, mas atacavam e cortejavam um modelo de frango. As duas primeiras aves não reagiam apenas ao modelo de instrução, mas também a modelos de galinha e frango; nas situações de escolha, preferiam os modelos de animais à figura com que tinham sido instruídos.

Aparentemente, há graus de estampagem; sob condições de laboratório, não é fácil conseguir ligações duradouras e discriminadoras com objetos artificiais. A durabilidade e a especificidade das ligações dependem, entre outras coisas, da eficiência inicial da figura e do tempo total de exposição, bem como da exclusividade de exposição à figura. A irreversibilidade, no sentido de durabilidade e generalização limitada de estímulo, é, sem dúvida, usual sob condições "naturais"; no entanto, é raro conseguir isso sob outras condições. Como outras formas de aprendizagem, a estampagem parece variar quanto à sua extensão e quanto à sua completação.

Durante as fases iniciais de estampagem, o animal se aproxima de uma figura e começa a segui-la; gradualmente se torna ligado a ela. Mais tarde essa ligação pode revelar-se em tipos de realização que não são apresentados nos estádios iniciais. O que é aprendido não é a realização, mas as características do objeto de ligação. O mesmo objeto despertará diferentes tipos de aproximação, o que depende do estado interno do organismo. Em alguns machos, as respostas iniciais de aproximação e acompanhamento dão lugar a aproximações agressivas e, depois, a respostas de corte sexual. A condição do organismo determina de que forma a ligação irá revelar-se. Assim como diferentes estímulos podem, inicialmente, provocar respostas filiais, mais tarde diferentes estímulos podem provocar respostas sexuais. No entanto, o que dá aos estímulos seu valor sexual depende, até certo ponto, das experiências iniciais do animal; em outras palavras, as experiências iniciais do animal modificam o valor de liberação dos estímulos sexuais usuais.

Schein e Hale (1959) demonstraram isso muito nitidamente, com sujeitos experimentais (perus) que tinham recebido injeções de androgênio. Através de injeções, o comportamento sexual masculino foi induzido em perus imaturos. Alguns peruzinhos foram criados em isolamento visual de outras aves de sua espécie, enquanto outros foram criados em grupos. Diferentes estímulos foram usados para provocar o comportamento sexual. As aves criadas no isolamento apresentaram respostas sexuais, predominantemente, às mãos do observador. As aves criadas em grupos reagiram predominantemente a um modelo de cabeça de peru (uma cabeça de fêmea é, normalmente, um liberador sexual para perus adultos socialmente criados). Portanto, as experiências iniciais e as ligações existentes, embora não influíssem no caráter do comportamento sexual como tal, determinaram os objetos para os quais o comportamento se dirigia; ver também Hale e Schein (1962).

Bambridge (1962) foi ainda mais longe; seus animais do grupo experimental, pintinhos machos que tinham recebido hormônio sexual masculino, antes tinham recebido estampagem de um, entre dois objetos em movimento, com forma idêntica, um dos quais era amarelo e o outro azul. Depois de dez horas diárias de instrução durante os primeiros dias, os pintinhos viam, no décimo nono e no vigésimo dia, os modelos azul e amarelo colocados no estrado circular. Quase invariavelmente as aves faziam a corte aos objetos específicos da estampagem.

Guiton (1962) também injetou o hormônio masculino — a testosterona — em pintinhos machos. Antes, no entanto, criou-os durante treze semanas em isolamento visual entre si, mas não com relação ao experimentador. Os frangos, ainda imaturos, e que tinham recebido injeções de hormônio, foram testados quanto à escolha entre um modelo de franga abaixada e uma luva de borracha amarela. Verificou-se que os frangos prefeririam a luva. Outros frangos não receberam injeções; e foram examinados com cinco meses de idade. Embora ainda mostrassem ligação com a mão conhecida, prefeririam o modelo de franga.

Algumas descrições anteriores indicavam que galinhas e galos domésticos que não tinham tido contato com o outro sexo antes da maturidade sexual muitas vezes podiam acasalar-se corretamente. Fisher e Hale (1957) mostraram que os machos criados em isolamento dançavam para as galinhas, mas inicialmente não copulavam com elas; as fêmeas criadas em isolamento tendiam a abaixar-se para seres humanos, mas não para galos que as cortejavam. Sob condições normais de criação, segundo Fisher e Male, a galinha doméstica e o peru dirigem suas respostas sexuais ao homem e a membros de sua espécie. Wood-Gush (1958) criou galos, em isolamento, até a idade de seis meses e meio, e então comparava suas respostas a galinhas às apresentadas por galos criados de forma usual. Não havia diferença nítida entre o comportamento dos indivíduos do grupo experimental e os do grupo de controle. Kruijt (1962) mostrou que os galos selvagens vermelhos da Birmânia, se colocados juntos com galinhas antes da idade de dez meses, ainda podiam acasalar-se corretamente. No entanto, se mantidos depois dessa idade em isolamento, o comportamento satisfatório de cópula não podia ser conseguido.

O mais que se pode dizer é que, às vezes, os objetos de respostas sexuais são escolhidos, por aves maduras de espécies precoces, não a partir de qualquer preferência inata, mas a partir de sua semelhança com objetos de respostas filiais iniciais. No Cap. 10 consideraremos se isso se aplica, de alguma forma, a todos os mamíferos, entre os quais os seres humanos. São imensas as tarefas de pesquisa apresentadas por qualquer dessas hipóteses.

O Desenvolvimento
de Ligações: II

I. MOVIMENTO DO SUJEITO

5 O objeto das respostas de acompanhamento é uma figura que se afasta. Para acompanhá-la, o sujeito precisa continuar a movimentar-se. Será que o movimento do sujeito é um fator na estampagem? Hess (1957, 1958, 1959a, 1959c, 1962a) sustentou que a estampagem está ligada ao esforço do animal para movimentar-se na direção da fonte de estimulação.

Inicialmente, Hess expôs patinhos *mallard* a um modelo que se movimentava em torno de um estrado circular; conservava-se constante a duração da exposição, mas havia variação na velocidade do modelo. Por isso, também variava a distância percorrida pelo modelo e pelos patinhos que o seguiam de perto. Depois, os patinhos foram examinados quanto à capacidade para discriminar entre o modelo conhecido, que então ficava parado, e um modelo diferente, com diferente colorido, mas que se movia ou ficava parado. Os patinhos que inicialmente tinham percorrido mais terreno no acompanhamento escolhiam mais freqüentemente o modelo original.

Hess também mostrou que, quando os seus patinhos percorriam uma distância fixa, o grau de estampagem, julgado pelos testes de reconhecimento e discriminação, permanecia constante, embora o tempo gasto para percorrer a distância variasse muito. Hess confirmou isso para diferentes distâncias: em um dos seus experimentos, os patinhos precisavam andar apenas 4 metros, enquanto em outro andavam 30 metros. No caso da distância de 30 metros, o período de instrução para alguns sujeitos era de dez minutos, enquanto para outros era de trinta minutos; apesar disso, não eram estatisticamente significativas as diferenças na força da estampagem entre os grupos.

Hess concluiu que a intensidade da estampagem não dependia do tempo de exposição ao objeto em movimento, mas da distância percorrida e, portanto, da energia despendida ou do esforço feito pela ave no processo de seguir o objeto. Em parte para examinar melhor esse aspecto, Hess (1958) fez com que alguns patinhos andassem num estrado em que tinham sido colocados obstáculos de dez centímetros; esses obstáculos obrigavam os animais a fazer mais esforço do que aqueles que seguiam um objeto num estrado normal. Verificou-se que as aves obrigadas a superar tais obstáculos a fim de acompanhar o objeto em movimento mais tarde conseguiam melhores notas de estampagem do que as aves do grupo de controle. Em outro experimento, Hess induziu seus patinhos a seguir um modelo num plano inclinado, e também verificou que a intensidade da estampagem aumentava com o esforço despendido pelas aves.

Segundo Hess, tais resultados conformam-se ao que denominou a lei do esforço. Chegou a formular matematicamente a relação entre o esforço despendido, E, e a intensidade da estampagem, Is: isto é, $Is = \log E$. Posteriormente, Hess realizou outro experimento para confirmar a lei do esforço. O aparelho consistia de dois modelos parados de patos, a trinta centímetros de distância entre si; quando o alto-falante num dos modelos começava a soar, esse modelo era momentaneamente iluminado. Alternando a combinação de luz e som entre os dois modelos, era possível fazer com que um patinho andasse de um para o outro. Os patinhos percorriam quatro ou dezesseis movimentos de vaivém, e Hess (1959a, 1959c) verificou que os animais que tinham percorrido mais terreno sofriam mais estampagem do que os outros.

A interpretação dos resultados de Hess não é indiscutível. Por exemplo, parece que, no último experimento, os animais que tinham andado mais também adquiriam mais experiência com os modelos. Portanto, essa experiência mais ampla, e não o maior esforço, poderia ter sido a causa da maior intensidade da estampagem. Além disso, pense-se no resultado que mostrou que, quanto maior a distância coberta pelos animais, mais forte sua ligação com o objeto. Nesses experimentos, os animais com estampagem mais firme tinham acompanhado o objeto que se movia mais rapidamente; não é impossível que o objeto com movimento mais rápido desse estimulação mais eficiente do que o que se movia mais lentamente; e esse fator, isoladamente, poderia ser responsável pela estampagem mais eficiente. Salzen e Sluckin (1959b) foram incapazes de encontrar qualquer relação entre a distância percorrida pelos pintinhos na primeira exposição a uma caixa em movimento e as suas realizações em ocasiões posteriores. No entanto, a pergunta mais fundamental que permanecia sem resposta era saber se a estampagem poderia ser possível com apenas um mínimo de movimento por parte do sujeito.

Baer e Gray (1960) tentaram responder a essa pergunta. Expuseram, individualmente, trinta e dois pintinhos domésticos a uma cobaia, separada do compartimento do pintinho por uma parede de vidro. Não poderia haver contato físico e nem acompanhamento manifesto da cobaia, tanto durante a exposição de vinte e quatro horas quanto durante o teste, realizado alguns dias depois; o teste consistia de uma escolha entre a cobaia conhecida e uma cobaia estranha. Tanto a cobaia conhecida quanto a estranha poderiam ser negras ou brancas. Os pesquisadores verificaram que seus pintinhos discriminavam, no conjunto, a favor das cobaias conhecidas, gastando tempo significativamente maior perto delas do que perto das desconhecidas. Evidentemente, pode-se imaginar que um pintinho só poderia desenvolver uma ligação com relação a uma cobaia se despendesse algum esforço para aproximar-se dela e segui-la. É difícil ver como tais esforços poderiam ser medidos. Nas condições criadas, é pouco provável que o esforço, e não a exposição à estimulação, tivesse provocado a estampagem.

Moltz, Rosenblum e Stettner (1960) fizeram uma tentativa para verificar a hipótese da lei do esforço sob condições mais próximas das condições usuais de processos de estampagem em laboratório. Num de seus experimentos, os patinhos foram colocados, um de cada vez, num pequeno compartimento, de onde podiam ver perfeitamente um objeto em movimento, mas que impedia qualquer acompanhamento. Dessa forma, pretendia-se que a energia ou esforços gastos durante a exposição fossem conservados em nível relativamente baixo. Os animais do grupo de controle podiam acompanhar livremente o modelo. Cada patinho, em condições de restrição ou não, era exposto ao objeto em movimento durante vinte e cinco minutos por dia, durante três dias. Em teste posterior de acompanhamento, não se verificou diferença na realização entre os animais do grupo de controle e os do grupo experimental. Portanto, aparentemente o movimento do sujeito não ajudava a estampagem.

A respeito, Moltz e seus colaboradores também examinaram os patinhos quanto à generalização de estímulo. Os patinhos do grupo experimental eram expostos individualmente a um objeto em movimento, mas eram impedidos de acompanhá-lo, enquanto que os do grupo de controle podiam fazê-lo; depois, todos eram individualmente examinados quanto ao acompanhamento de um novo objeto. Os animais do grupo experimental responderam pouco ao novo objeto; mas o mesmo ocorreu com os do grupo de controle. Aparentemente, a extensão da generalização do estímulo não depende do fato de a instrução consistir apenas de exposição à estimulação, ou de acompanhar o objeto em movimento.

Moltz (1963) também procurou examinar, de outra forma, o papel do movimento na estampagem. Colocou os patinhos em suportes de madeira, a fim de limitar seus movimentos, e depois os expôs, individualmente, alguns a um objeto em movimento (afastar-se, aproximar-se ou ambas as coisas) e outros a um objeto parado. Os animais apresentaram estampagem, apesar da restrição de seu movimento. A natureza do movimento do objeto não tinha influência na extensão de acompanhamento no teste, mas os patinhos que tinham sido expostos a objeto parado apresentavam menos acompanhamento. O experimento mostrou que, embora o movimento do sujeito não tivesse influência, o movimento do objeto era importante para a estampagem.

A validade da lei de esforço foi posta em dúvida por Moltz (1960), não apenas porque com seus colaboradores não conseguiu confirmar a hipótese de Hess, mas também porque existem outros dados contra ela. Diz-se que H. James realizou um experimento (não publicado) em que os pintinhos foram expostos a uma luz pisca-pisca, embora não pudessem aproximar-se dela. Mais tarde, quando podiam aproximar-se da luz, os pintinhos o faziam tão rapidamente quanto os do grupo de controle, que inicialmente não sofriam restrições. Além disso, Jaynes (1958a) verificou que a estampagem poderia ocorrer em pintinhos que, quando inicialmente expostos a um objeto em movimento, deixavam de acompanhá-lo; esse comportamento foi denominado "estampagem latente".

Gottlieb (1961b) não procurou intencionalmente pôr à prova a hipótese de dispêndio de energia de Hess; no entanto, de passagem mostrou que, embora os marrequinhos de Pequim apresentassem inicialmente acompanhamento mais vigoroso do que os patinhos *mallard,* estes últimos não apresentavam estampagem menos nítida no critério de discriminação. Aparentemente, esse resultado contraria as expectativas derivadas da hipótese de que o acompanhamento auxilia a estampagem.

Mais recentemente, Smith (1962) procurou verificar a lei de esforço com relação a respostas de aproximação em pintinhos. Colocou cada pintinho do grupo experimental em pequenas caixas que limitavam seus movimentos, mas com a cabeça saliente na direção de um feixe de luz pisca-pisca, colocada a certa distância. Durante dois dias, e por curtos períodos de tempo, esses pintinhos eram expostos à luz pisca-pisca; os pintinhos do grupo de controle eram também expostos, e de maneira semelhante, à luz, mas podiam aproximar-se dela. Um dia depois, todos os pintinhos foram examinados individualmente quanto à aproximação, sem qualquer restrição. Não foram observadas diferenças significativas no comportamento dos dois grupos. Portanto, a ausência de movimento durante as sessões de instrução não impediu que os pintinhos do grupo experimental sofressem tanta estampagem quanto os que tinham liberdade de movimento durante o processo de instrução. Smith também expôs pintinhos a disco giratório branco e preto, impedindo, através de uma folha de plástico transparente, que se aproximassem do disco. Verificou que o desenvolvimento de ligação desses pintinhos ao disco giratório não era pior, quando comparado ao de pintinhos de grupo de controle que tinham liberdade para aproximar-se do disco durante a instrução.

Rice (1962) tem um experimento um pouco ligado ao papel do esforço do sujeito na estampagem. No seu experimento, alguns pintinhos seguiam livremente uma bola azul de borracha que emitia um som de pios através de um pequeno alto-falante; outros eram obrigados a segui-la (tinham um pequeno colar flexível ligado à bola por um anel de vinte e cinco centímetros); finalmente, os do grupo de controle não recebiam instrução. A instrução dos dois grupos experimentais se realizava durante os três primeiros dias, e o teste de discriminação — entre a bola e uma galinha — ocorria no quarto dia. Os pintinhos sem instrução tinham certa preferência pela galinha, enquanto os outros manifestavam grande preferência pela bola; os pintinhos que seguiram livremente a bola tinham desempenho significativamente melhor do que os obrigados a acompanhá-lo. É difícil supor que os pintinhos presos despendessem menos esforço no acompanhamento. É possível que o efeito de ser puxado fosse uma distração que reduzia o impacto da estimulação visual inicial.

A opinião de que o dispêndio de energia pelo sujeito é essencial para a estampagem recebeu certa confirmação de estudos de efeitos de tóxicos em situações de estampagem. Os medicamentos que relaxam os músculos, impedindo o esforço muscular durante a instrução, poderiam, segundo se supõe, interferir na estampagem. Hess (1957) mostrou que o meprobamato, um medicamento que impede a tensão muscular, impedia a ocorrência de estampagem em patinhos. Hess, Polt e Goodwin (1959) estudaram os efeitos de outro medicamento de redução de tensão, o carisoprodol, sobre estampagem em pintinhos e patinhos. Concluiu-se que o carisoprodol, como o meprobamato, interferia na estampagem; ver também Hess, 1962.

Pode-se perguntar por que é que animais que antes tinham sofrido a estampagem apresentavam realização normal sob a influência de tais medicamentos. No estudo de Hess, o meprobamato não interferia, na realidade, no movimento e na coordenação motora. Outro medicamento, a clorpromazina, também usada por Hess, não interferia no processo de estampagem; no entanto, estudos posteriores mostraram que esse medicamento interferia na atividade motora (cf. levantamento em Sluckin e Salzen, 1961). Até agora, sabe-se relativamente pouco a respeito dos vários efeitos dos medicamentos usados; portanto, não se pode ter certeza de que os estudos de realização sob a influência de tais medicamentos possam ajudar a pôr à prova a teoria de Hess quanto ao papel do esforço na estampagem. De qualquer modo, os dados cada vez mais numerosos fazem com que essa teoria, em sua forma original, seja insustentável.

II. O AMBIENTE DE MORADIA

Segundo se pensava inicialmente, o primeiro estádio de estampagem consistia de respostas de aproximação e acompanhamento. Como tais respostas são respostas a estimulação intermitente, supunha-se que os filhotes de pássaros precoces só poderiam sofrer estampagem de fontes de estimulação intermitente. Como, geralmente, as figuras paradas não provocam respostas de aproximação e acompanhamento, pensava-se que fosse improvável a estampagem com relação a objetos parados. A ligação ao ambiente de moradia deveria resultar de condicionamento, mas Thorpe (1956) sugeriu que tais ligações poderiam ser adquiridas por um processo semelhante ao de estampagem.

Gray (1960) procurou descobrir se os pintinhos poderiam ficar ligados a objetos imóveis, nitidamente apresentados no ambiente visual. Expôs pintinhos, individualmente, a figuras geométricas pretas (alguns pintinhos a um círculo, e outros a um triângulo) durante vinte e quatro horas, no terceiro, no quarto, ou no quinto dia de vida. Antes da prova, todos os pintinhos estavam visualmente isolados de outros pintinhos ou de quaisquer objetos em movimento. Cada um deles era examinado durante quinze minutos, imediatamente depois da prova de escolha entre as figuras conhecidas e as desconhecidas. Os resultados foram claros: os pintinhos tendiam a aproximar-se das figuras de que tinham experiência anterior, e a ficar perto delas. Portanto, Gray mostrou que ocorria estampagem com figuras paradas. Indiscutivelmente a estimulação visual intermitente, resultante de pisca-pisca ou de movimentos, se estampa muito mais facilmente no animal do que a estimulação estática. Apesar disso, parece que "o pisca-pisca da retina" não é condição necessária para estampagem.

James (1961) sugeriu que o efeito obtido por Gray poderia depender de outro mecanismo, e não do que provoca estampagem diante de objetos em movimento e pisca-pisca. No experimento de Gray, a capacidade para ficar ligado a um objeto parado tendia a aumentar com a idade: os pintinhos com ligação mais firme eram os expostos às figuras geométricas no quinto dia de vida. As ligações a estimulação visual intermitente são muitas vezes mais fortes quando formadas muito antes do quinto dia de vida. Além disso, Abercrombie e James (1961) verificaram que, embora seus pintinhos se aproximassem de objetos parados e ficassem perto deles, essa fixação de aproximação exigia um número muito maior de tentativas do que a fixação de aproximação à luz intermitente localizada.

No entanto, várias indicações de ligação com figuras paradas têm sido repetidamente descritas em pintinhos colocados em condições de laboratório. James (1959) disse que seus pintinhos tinham tendência para passar mais tempo na metade do estrado em que havia uma bola de polietileno e não na metade vazia. Hess (1959c) mostrou que pintinhos com três dias de idade ficam mais tempo perto de uma forma geométrica, um círculo ou um triângulo, à qual foram expostos no dia anterior ao da prova, do que perto de uma figura estranha.

Recentemente, Taylor e Taylor [1] criaram pintinhos, recém-saídos do ovo, em gaiolas individuais, seja com uma caixa de papelão, seja com um pedaço de borracha dependurado de uma das paredes. Depois de dois dias, cada pintinho era examinado num estrado onde havia os dois objetos. Uma proporção significativa de pintinhos aproximou-se do objeto com que tinham sido criados. Em muitos casos, os animais bicavam o objeto conhecido, esfregando-se nele e dando pios de contentamento.

Abercrombie e James (1961) sugeriram que uma preferência por figuras conhecidas poderia resultar de maior discriminação e do valor de atenção adquiridos por essas figuras. Ora, sabemos que os ratos criados na presença de certas figuras geométricas podiam depois discriminar mais facilmente esses desenhos do que os ratos que antes não tinham sido expostos a eles (cf. Gibson e Walk, 1956; Gibson, Walk, Pick e Tighe, 1958; Walk, Gibson, Pick e Tighe, 1959). No entanto, não se sabe muito bem como se inter-relacionaram a tendência para formar ligações e a prontidão para aprender tarefas de discriminação, ambas dependentes de exposição a estimulação adequada.

Sluckin (1960, 1962) e Sluckin e Salzen (1961), a partir de certas observações do comportamento de pintinhos domésticos, inferiram ligações a objetos parados que constituem o ambiente do animal. Pode-se observar facilmente que, mais cedo ou mais tarde um pintinho ingênuo, colocado num estrado com um objeto em movimento, começará a seguir o objeto, continuará a fazê-lo vigorosamente por algumas horas, e depois aos poucos abandonará essa atividade; finalmente, deixará inteiramente de seguir o objeto. Se, numa parte do estrado, há água e alimento, o pintinho tenderá a passar cada vez mais tempo nessa parte. Se, quando o pintinho deixa de seguir o objeto, um objeto estranho, parado ou em movimento é colocado no estrado, o pintinho começará a seguir o objeto original. Mesmo quando a mudança no ambiente estático é feita "às costas do pintinho", este recomeçará a seguir o objeto em movimento logo que a mudança chame sua atenção. Essa restauração do acompanhamento pode ser provocada com igual facilidade pela colocação do

---

(1) Agradeço a meus colegas Ann Taylor e Keith Taylor essa descrição de "estampagem diante de uma figura estática do ambiente de moradia".

pintinho, juntamente com o objeto em movimento, em estrado diferente.

A volta do pintinho ao objeto conhecido e em movimento mostra que reconhece a estranheza do ambiente. O pintinho se comporta como se temesse a situação estranha, e tentasse fugir a ela ao voltar para a proximidade do objeto conhecido. As respostas de medo serão minuciosamente consideradas no Cap. 7. Aí veremos que as respostas do animal a perturbações ambientais podem ser consideradas como indicações de existência de ligação ao "lar", semelhante à estampagem.

III. ESTAMPAGEM E DOMESTICAÇÃO

O fato de acompanhar a mãe e sofrer sua estampagem deve ter imensa importância para a sobrevivência do filhote, sobretudo para o filhote de espécies selvagens. A ligação com membros da mesma espécie também poderia ser uma grande vantagem para o indivíduo. Embora se tenha demonstrado amplamente que o fato de ficar com os pais é um resultado da estampagem, esta também pode ser responsável, pelo menos em parte, pelo agrupamento, — por exemplo, pela tendência de gansinhos e patinhos para ficarem juntos, mesmo quando fisicamente são capazes de dispersão. Nas aves domésticas, no entanto, a ligação dos filhotes aos adultos, bem como o agrupamento, pareceriam menos importantes para a sobrevivência do que nas espécies selvagens.

Klopfer (1956) chegou a sugerir que a suscetibilidade a estampagem poderia ser um traço desajustador em animais domésticos, dada "uma elevada probabilidade da ocorrência de estampagem com objetos errados". Klopfer pensou que a "estampabilidade" tenderia a ser um "traço instável" nas espécies domésticas, e que isso explicaria as grandes diferenças individuais de intensidade de respostas de aproximação e acompanhamento, bem como na capacidade para formar ligações, e descritas por vários pesquisadores.

Gottlieb (1961b) aceitou a interessante sugestão de que poderia haver diferenças entre animais domésticos e selvagens quanto à "estampabilidade". Gottlieb escolheu, para a pesquisa, duas raças de pato comum: o *mallard,* um representante selvagem da espécie, e o marreco de Pequim, uma das variedades domésticas. Os animais do grupo experimental eram individualmente expostos, durante vinte minutos, a modelo de pato feito de *papier-maché,*[1] e que se movimentava num estrado circular. Com vinte e sete a trinta horas depois de saírem do ovo, todos eram individualmente examinados quanto à discriminação entre modelos de macho e de fêmea. Verificou-se que as respostas iniciais de acompanhamento eram mais salientes nos marrequinhos domésticos do que nos filhotes de *mallard*. A estampagem efetiva tinha aproximadamente a mesma intensidade em patos domésticos, semidomésticos e selvagens. Gottlieb concluiu que seus resultados contrariavam a hipótese do desajustamento da estampagem em condições de domesticação.

Antes disso, Collias (1952) já tinha acentuado as semelhanças no comportamento de aves domésticas e selvagens. A retenção de respostas filiais e suscetibilidade à estampagem pode ser devida ao valor de tais tendências para bom acasalamento (ver Gottlieb, 1961b). No entanto, como vimos no último capítulo, ainda é incerto o papel da estampagem na aproximação entre os sexos.

Embora algumas pessoas tenham suposto que a estampagem decline com a domesticação, outros [2] sugeriram que, na realidade, a estampagem auxilia a domesticação. É difícil aceitar isso. Os animais selvagens provavelmente aprenderam a seguir o homem porque isso lhes dava recompensas, e não porque o homem fosse uma figura em movimento, atraente em si mesma para os filhotes. A domesticação depois continuou a ser acentuada pelo acasalamento seletivo que favorecia a mansidão. Ainda que provisória, a única conclusão segura é que a domesticação e a estampagem não estão essencialmente ligadas entre si.

---

(2) Por exemplo, M. Burton numa nota no Jornal *Daily Telegraph*, em dezembro de 1962.

O Período Sensível

I. PERÍODO CRÍTICO E PERÍODO SENSÍVEL

6 Já se disse que a estampagem ocorre durante período especificável, e no início da vida do indivíduo. Este período é denominado período sensível porque já se notou que, nesse estádio, a exposição a algumas configurações de estímulo leva à formação de ligações a elas. Este período é também conhecido como o período crítico, pois já se disse que em nenhum outro é possível formar as ligações de estampagem; já se pensou que, se a estampagem não ocorrer nesse período, nunca ocorrerá. Embora um período sensível não precise, necessariamente, ser um período crítico, já se supôs que o período sensível para a estampagem é o seu período crítico.

Evidentemente, não é nova a noção de que pode haver períodos no desenvolvimento ontogenético, durante os quais qualquer indivíduo é especialmente sensível ou impressionável, quando experiências determinadas exercem uma influência profunda e duradoura no comportamento posterior do indivíduo. Freud, por exemplo, admitiu vários estádios distintos no desenvolvimento psicossexual, e durante os quais experiências de diferentes tipos poderiam levar a fixações e, assim, modelar o caráter humano. Em outras palavras, padrões muito específicos de comportamento são, de acordo com a interpretação psicanalítica, adquiridos pelo indivíduo em cada um desses estádios de desenvolvimento. De forma semelhante, Murphy (1947) supôs que deve haver períodos críticos no desenvolvimento da personalidade de qualquer ser humano; sugeriu que, em certos momentos, necessidades gerais se desenvolvem em necessidades específicas, de acordo com as experiências específicas do indivíduo nesses momentos, e que elas determinam suas preferências e idiossincrasias para o resto da vida.

No desenvolvimento de seres humanos, não tem sido fácil confirmar a existência de tais estádios realmente críticos. No entanto, no caso de outros mamíferos, algumas observações exatas indicaram que alguns períodos na ontogenia são realmente de importância decisiva para o desenvolvimento de alguns padrões característicos de comportamento. Assim Scott (1945) mostrou que uma ovelha criada com mamadeira durante os primeiros dez dias de vida continuou isolada do rebanho, ficou ligada a pessoas e depois não foi boa mãe. Essas e outras observações posteriores (cf. Scott, Fredericson e Fuller, 1951) mostraram que existe um período crítico, que começa quase no nascimento, para alguns aspectos de desenvolvimento social e de "personalidade" de carneiros (Scott, 1962). De forma semelhante, Scott (1958b) descreveu um período crítico no desenvolvimento social de cães (ver também Scott e Marston, 1950). Scott sugere que as relações sociais estabelecidas entre cãezinhos e seus donos humanos podem ser semelhantes às que existem normalmente entre os filhos e os pais.

O período entre a terceira e a sétima semanas depois do nascimento é, segundo Scott e seus colaboradores, o único em que os cãezinhos são capazes de formar ligações duradouras com pessoas, ou com sua espécie. Harlow e Harlow (1962) dizem que filhotes de macacos reso formam fortes ligações sociais entre si no período entre o terceiro e o sexto mês de vida; a privação social durante esse período teria como conseqüência uma redução de sua capacidade para conseguir um "ajustamento social" satisfatório.

Scott (1958a, 1958b) considera que durante o período crítico de "socialização primária" o filhote se liga a um grupo de animais que normalmente é formado por membros de sua espécie; no entanto, uma ligação com outra espécie pode ser estabelecida, tanto experimental quanto acidentalmente. Um filhote de animal também pode formar uma ligação social com sua espécie e com outra; assim, os cãezinhos, que tiverem contato inicial com seres humanos e cães, tendem a ficar ligados aos dois grupos.

Deixando de lado momentaneamente qualquer consideração do caráter dessa aprendizagem inicial (ver Cap. 8), pode-se notar que Scott (1962) sustenta que os períodos críticos têm a maior importância na determinação do desenvolvimento social, emocional e até intelectual de qualquer indivíduo. Como Lorenz, Scott admite a analogia embriológica para avaliar a importância da aprendizagem crítica. Assim como a organização inicial das células no embrião determina de uma vez por todas a estrutura anatômica posterior, também a aprendizagem inicial determina o comportamento posterior e inibe qualquer repadronização subseqüente de comportamento.

Outros pesquisadores, interessados pelo estudo da aprendizagem inicial, estão menos inclinados a atribuir essa característica decisiva ao período sensível. Hinde (1962a) indica que o período crítico nunca é nitidamente definido; muitas vezes é um período ideal para aprender, e não um período crítico. E não é um período marcado apenas por maturação física; sua amplitude é determinada pelo impacto do ambiente sobre o organismo em desenvolvimento (cf Schneirla, 1956; Moltx, 1960; Sluckin, 1962).

Provavelmente há períodos ideais no desenvolvimento de crianças para a aprendizagem da fala ou da leitura, para aprender a andar para suscetibilidade a traumas ligados à separação da figura da mãe, e assim por diante. Os animais têm ainda maior tendência para aprender certas formas de comportamento quando são jovens, ou deixar inteiramente de aprender (por ex., Forgays e Read, 1962; ver também resenha por Levine, 1962a). No entanto, parece que o período mais decisivo de aprendizagem é o ligado à estampagem. É também aquele a respeito do qual há grande número de dados bem verificados.

Antes de considerar os resultados experimentais referentes ao período crítico para a estampagem, é útil fazer uma distinção entre: 1) o período entre o início e o desaparecimento de respostas de aproximação e acompanhamento; 2) o período sensível para estampagem. Não é impossível que, em alguns estádios de desenvolvimento, a aproximação e o acompanhamento não resultem em estampagem dos objetos de tais respostas, enquanto em outros períodos a aproximação e o acompanhamento levem a ligações exclusivas. Alguns pesquisadores supuseram, implicitamente, que, na medida em que o animal mostra prontidão para aproximação e acompanhamento, é também capaz de formar ligações com os objetos de tais respostas, e que, quando o animal deixa de responder, deixa também de ser capaz de sofrer a estampagem. De qualquer forma, alguns estudos se interessaram, fundamentalmente, pelo aparecimento e desaparecimento de respostas filiais iniciais, enquanto outros procuraram pesquisar, explicitamente, o período crítico de estampagem.

II. A ÉPOCA DE APROXIMAÇÃO E ACOMPANHAMENTO

As primeiras descrições referentes ao período em que seria possível provocar respostas de aproximação e acompanhamento em filhotes de aves nidífugas se referiam a espécies selvagens: a carqueja e várias espécies de patos selvagens. Alley e Boyd (1950) verificaram que filhotes de carqueja respondiam a chamados de pessoas e facilmente as seguiam, até aproximadamente oito horas depois de terem saído do ovo. Verificou-se que essa "mansidão" desaparecia no segundo dia de vida. Aparentemente, Alley e Boyd acreditavam que nesse período a estampagem estaria completa.

Os filhotes de carquejas, assim como de frangos-d'água, foram depois extensamente estudados por Hinde, Thorpe e Vince (1956). Estes pesquisadores verificaram que os filhotes de carquejas eram atraídos por objeto em movimento, mesmo quando o encontravam pela primeira vez seis dias depois de terem saído do ovo. Os filhotes de frangos-d'água sofriam muito mais influência do que os de carquejas quando se retardava a apresentação da primeira oportunidade para acompanhamento; com seis dias de idade, quando examinados com um objeto em movimento, os filhotes de frangos-d'água não respondiam a ele. Uma das conclusões obtidas foi que os limites de tempo do período sensível se aplicam, fundamentalmente, à provocação inicial das respostas de acompanhamento, e não à capacidade para estampagem ou à capacidade de aprender.

Antes, Fabricius (1951b) mostrou que, em três espécies de patos, o acompanhamento máximo ocorria aproximadamente doze horas depois de as aves terem saído do ovo. Verificou-se, também, que os estímulos auditivos agiam por mais tempo, como liberadoras de acompanhamento, do que os estímulos visuais; vale dizer, os patinhos continuavam prontos para responder a sinais sonoros quando já não eram sensíveis a sinais visuais. Fabricius e Boyd (1954) mostraram que, embora o período em que o acompanhamento poderia ser inicialmente provocado não fosse muito nitidamente definido, no primeiro teste a maior proporção de "acompanhadores" entre patinhos *mallard* aparecia nas idades entre vinte e cinco e cinquenta horas depois do nascimento, embora, em qualquer idade, de três a setenta e duas horas depois do nascimento, a maioria acompanhasse um modelo silencioso. Embora Lorenz (1935) pensasse que, nos patinhos *mallard,* o período sensível se limitasse às primeiras horas de vida, Fabricius e Boyd (1954) verificaram que as respostas de aproximação e acompanhamento poderiam ser provocadas em alguns patinhos *mallard* "ingênuos" mesmo com dez dias de idade; ver também Fabricius (1962).

Em experimentação com pintinhos domésticos, Jaynes (1957) pesquisou a incidência de suas respostas, em várias idades, a uma figura em movimento. Os pintinhos tinham vivido em instalações coletivas até o momento do teste, isto é, exposição de cada pintinho a um objeto em movimento. As respostas de aproximação e acompanhamento de cada um foram avaliadas durante os últimos cinco minutos de uma sessão de trinta minutos. Poucos pintinhos foram examinados em cada idade correspondente a horas depois de terem saído do ovo. Os pintinhos mais jovens eram os mais sensíveis, mas os números totais eram pequenos demais para indicar, precisamente, a idade modal de respostas ideais. Atrasos de até cinqüenta horas na exposição ao objeto em movimento não impediram que alguns pintinhos respondessem positivamente a ele. No entanto, nenhum dos oito pintinhos examinados entre cinqüenta e quatro e sessenta horas depois de terem saído do ovo apresentou aproximação ou acompanhamento do objeto em movimento.

Um fator que complica esse estudo é o fato de o teste de cinco minutos ser precedido, em todos os casos, por uma parada de dois minutos no movimento do objeto. Assim, o teste que classificamos como um teste de resposta inicial pode também ser visto como um teste de reconhecimento, ou como de retenção a curto prazo. E Jaynes também reconheceu integralmente a diferença entre o período crítico para provocação de acompanhamento e um período crítico para estampagem propriamente dita. Em resumo, os resultados que obteve foram os seguintes: 1) a incidência de aproximação e acompanhamento atinge o ponto máximo aproximadamente seis horas depois de os pintinhos terem saído do ovo; 2) esse período de apresentação de respostas termina mais ou menos no terceiro dia de vida do pintinho.

Nesse contexto, Hess e Schaefer (1959) pesquisaram as respostas de pintinhos domésticos ao som. Seu plano experimental era direto: os pintinhos ingênuos eram individualmente colocados, durante dois minutos, com um modelo que emitia uma repetição rítmica de um som de voz humana. Entre os vários aspectos de comportamento notado, devem

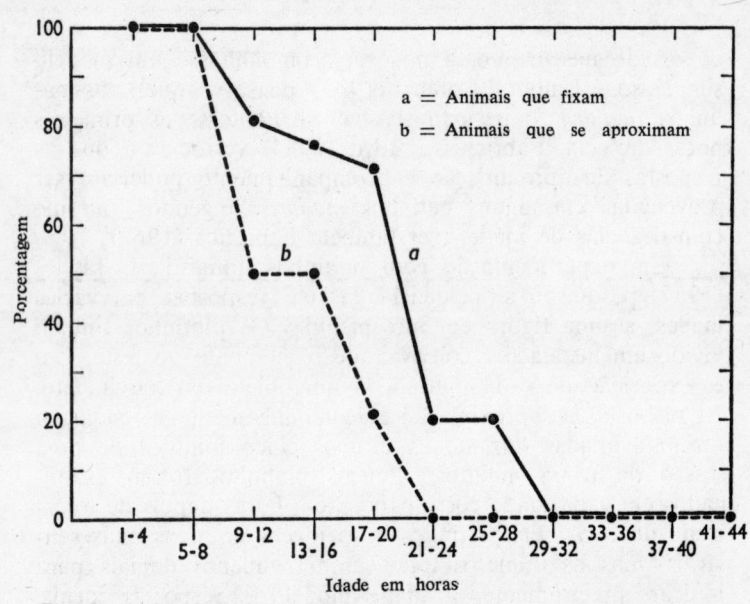

Fig. 5. Porcentagem de 124 pintinhos Leghorn de várias idades que a) fixam, b) se aproximam do objeto estimulador (de Hess e Schaefer, 1959).

ser mencionados: a) a orientação do pintinho (fixação) e b) aproximação com relação ao modelo. A Fig. 5 mostra os resultados obtidos. Verificou-se incidência de aproximação em 100% dos pintinhos que tinham até oito horas de vida (depois de terem saído do ovo); depois do primeiro dia de vida, verificaram-se poucas respostas. Portanto, nas condições do experimento, o período sensível para os estímulos auditivos terminava relativamente cedo.

Em vez de usar som intermitente como o estímulo liberador inicial, a luz intermitente poderia ser usada com o mesmo objetivo. James (1960a) verificou que a tendência para aproximar-se dessa fonte de luz, na primeira exposição, era maior em pintinhos que tinham até vinte e quatro horas de idade do que em pintinhos com sete dias. Mas é interessante notar que esses pintinhos mais velhos continuavam a responder ao estímulo.

Gray (1962) examinou a resposta, a uma galinha, de pintinhos domésticos de várias idades. Verificou que a capacidade de resposta de pintinhos "ingênuos" tendia a flutuar, e que um declínio nítido aparecia por volta de quatro dias de idade.

Não é preciso considerar como conflitivos os resultados dos vários estudos. O período em que as respostas iniciais de aproximação e acompanhamento podem ser provocadas depende da espécie utilizada no trabalho experimental, da natureza dos estímulos empregados, e — como veremos mais tarde — das condições em que os animais são conservados.

III. A ÉPOCA CRÍTICA PARA ESTAMPAGEM

A maneira mais decisiva para verificar o período crítico de estampagem consiste em colocar os filhotes, antes "instruídos" em várias idades, num teste de preferência entre a figura conhecida e a estranha. As idades de instrução dos animais que depois "passam" no exame indicam a amplitude de idade da estampagem, e as idades dos animais que depois são "reprovados" no exame estão fora do período crítico para estampagem. A rigor, o comportamento real do filhote durante a instrução é pouco importante para a verificação do período crítico de estampagem. Apenas o desempenho no exame realizado posteriormente pode indicar se o animal ficou "estampado" em conseqüência da sessão anterior de instrução.

Ramsay e Hess (1954) procuraram verificar qual o período crítico para estampagem em patinhos *mallard*. Patinhos de várias idades tiveram instrução individual de dez ou trinta minutos com um modelo em movimento de um pato *mallard* adulto, no qual havia aquecimento e que emitia uma determinada série de ruídos. Posteriormente, de cinco a setenta horas depois da instrução, cada patinho era examinado, em quatro estágios, quanto à escolha entre o modelo conhecido e um modelo de fêmea *mallard* que emitia a voz gravada de uma pata *mallard* que chamava seus filhotes. A escolha do modelo do pato foi considerada como prova de estampagem. Usando um total de noventa e dois patinhos, e ajustando as notas de estampagem "perfeita" com relação à idade, os pesquisadores verificaram que o período crítico ia de cinco a vinte e quatro horas depois de os pintinhos saírem do ovo, e que o ponto ideal se localizava entre treze e dezesseis horas, como se vê na Fig. 6. Os limites de período crítico seriam mais amplos se se considerasse um critério menos rigoroso de estampagem, uma preferência não total pelo modelo conhecido.

Gottlieb (1961a) pesquisou, intensamente, o período crítico para estampagem em marrecos de Pequim. Deu, aos

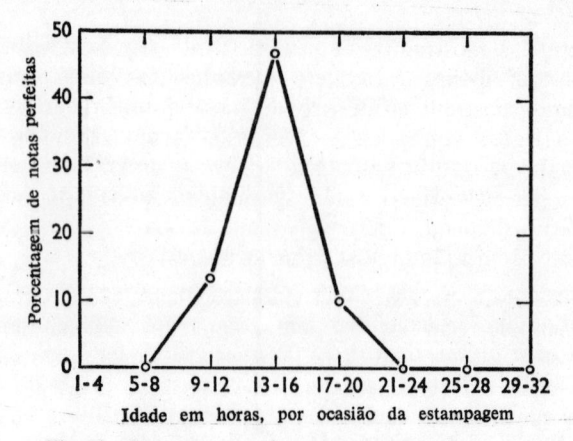

Fig. 6. Porcentagem de notas "perfeitas" para patinhos mallard que passaram por estampagem em vários grupos de idade (de Ramsay Hess, 1954).

marrequinhos, sessões de instrução de vinte minutos, com um modelo de pato *mallard*. Diferentes grupos de marrequinhos foram instruídos em idades que variavam de três a vinte e sete horas depois de terem saído do ovo. Mais tarde, cada marrequinho era examinado, de vinte e sete a trinta horas depois de terem saído do ovo, e devia escolher entre o modelo conhecido e outra figura de um pato *mallard*. A Fig. 7 resume os resultados obtidos. As áreas brancas na figura correspondem aos números de patinhos que, no exame, não seguiram qualquer dos dois modelos; as áreas levemen-

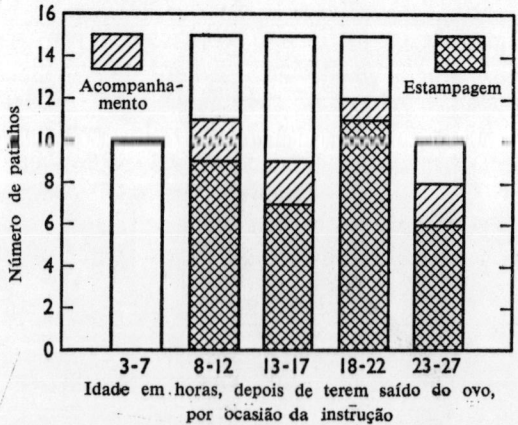

Fig. 7. Ocorrência de acompanhamento e estampagem, durante o exame, como uma função da idade, depois de saírem do ovo, por ocasião da instrução (de Gottlieb, 1961a).

te sombreadas mostram o número dos que seguiram os dois modelos, ou apenas o modelo estranho; as áreas muito sombreadas mostram o número de marrequinhos que escolheram a figura conhecida e, por isso, foram considerados como tendo sofrido estampagem. Deve-se notar que, neste estudo o período crítico para estampagem ia de oito horas até aproximadamente um pouco mais de vinte e sete horas depois de os marrequinhos terem saído do ovo.

Considerando-se as idades a partir do momento em que os marrequinhos saíam do ovo, não havia um momento máximo bem nítido, dentro do período crítico para estampagem. Gottlieb (1961a) passou a considerar o período crítico através de idades calculadas a partir do início da incubação. A idade contada a partir do início da incubação foi por ele denominada "idade de desenvolvimento"; e os patinhos do experimento saíram do ovo em várias idades de desenvolvimento, no vigésimo sexto e no vigésimo sétimo dia de incubação. A Fig. 8 mostra a ocorrência de estampagem em função da idade de incubação. O período crítico salienta-se como a idade de desenvolvimento de vinte e sete dias. Apa-

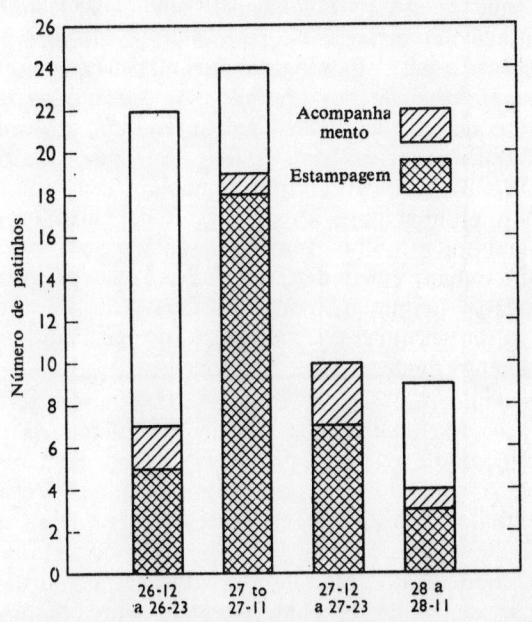

Fig. 8. Ocorrência de acompanhamento e estampagem durante exame, como uma função de idade de desenvolvimento por ocasião da instrução (de Gottlieb, 1961a).

rentemente, o período crítico para estampagem podia ser mais nitidamente definido em função da idade de desenvolvimento do que em função da idade convencional.

Usando o mesmo modo de definir o período crítico, Gottlieb e Klopfer (1962) verificaram que o período ideal para a estampagem visual de patinhos era um pouco posterior ao melhor período para a estampagem auditiva. Provavelmente a extensão do período crítico depende da eficiência da figura estimuladora. Para estimulação relativamente fraca o período crítico pode ser de menor duração do que para estimulação muito eficiente. Poderia ser valiosa uma pesquisa sobre a relação entre o caráter dos estímulos e o período crítico para estampagem.

IV. RESTRIÇÃO DE EXPOSIÇÃO
À ESTIMULAÇÃO

Os dados até aqui considerados parecem decisivos para indicar que é muito limitado o período inicial na vida de pássaros precoces em que respondem, através de aproximação e acompanhamento, a estimulação adequada, e em que podem sofrer estampagem. Apesar disso, os pesquisadores observam que os animais utilizados nos experimentos às vezes continuavam capazes de responder, muito depois do período crítico usual. Fabricius e Boyd (1954), por exemplo, mostraram que um dos seis patinhos que tinham ficado separado dos outros seguiu um modelo, embora só o encontrasse pela primeira vez aos 10 dias de idade. Salzen e Sluckin (1959b) verificaram que alguns de seus pintinhos continuavam prontos para acompanhar uma caixa em movimento, embora esta lhes fosse apresentada pela primeira vez quando tinham cinco dias de idade, e às vezes depois disso. Pode-se perguntar, portanto, quais são as circunstâncias que provocam essa ampliação do período crítico, tradicionalmente descrito como muito curto.

Como vimos no Cap. 4, Guiton (1958) parece ter sido o primeiro a notar as condições exatas que influem na prontidão de filhotes de pássaros precoces para aproximar-se de objetos em movimento e depois acompanhá-los. Verificou que os pintinhos criados em grupo seguiam um objeto em movimento até o fim do terceiro dia de vida, mas não depois disso. De outro lado, pintinhos criados em condições de isolamento visual entre si, com relação a outros animais e pessoas, mesmo depois do terceiro dia de idade se aproximavam de objetos em movimento e passavam a acompanhá-los.

A razão para isso — segundo o sugere Guiton (1959) — é que, quando examinados, os pintinhos criados em isolamento ainda não tinham sofrido estampagem. Continuavam a responder a figuras em movimento, sem qualquer discriminação, numa idade em que os pintinhos criados juntos já não o faziam. Em condições de criação conjunta, os pintinhos logo sofrem estampagem mútua, e depois de dois ou três dias se aproximam apenas uns dos outros, e não de figuras novas.

James (1960a) mostrou que, mesmo aos sete dias de idade, os pintinhos expostos pela primeira vez a uma fonte de luz intermitente se aproximariam desta. Deve-se notar que esses pintinhos tinham sido mantidos em isolamento visual de outros pintinhos, a não ser durante um período inicial muito curto. James (1960b) também mostrou que pintinhos que tinham tido muita oportunidade para ligações mútuas sentiam menos atração por uma luz pisca-pisca do que os pintinhos criados separados a partir de aproximadamente dois dias de idade; a diferença de respostas entre esses dois grupos se tornou muito considerável a partir do quinto dia depois de terem saído do ovo. Sluckin e Salzen (1961) verificaram que nenhum de seus pintinhos socialmente criados acompanhava um objeto em movimento quando o encontrava pela primeira vez aos cinco ou seis dias de idade, enquanto que um terço dos pintinhos criados no isolamento o fazia.

Está claro que o primeiro aparecimento de respostas de aproximação e acompanhamento depende da oportunidade oferecida pela presença de estimulação intermitente. Se um pássaro precoce, bem no início da vida, é colocado diante de uma figura em movimento ou de uma luz intermitente, e se esse animal tem uma oportunidade para formar uma ligação com esse tipo de estimulação visual, a partir de então não se aproximará de outras fontes de estímulo. No entanto, se não há oportunidade para aproximação e acompanhamento até período posterior na vida no animal, conserva-se por mais tempo a capacidade para responder positivamente a qualquer estimulação visual intermitente. Assim, tudo se passa como se o processo de estampagem pudesse provocar o fim do período de capacidade para responder (Sluckin e Salzen, 1961).

Essa teoria poderia ser mais exatamente verificada se, de várias maneiras, reduzíssemos as primeiras experiências visuais de filhotes de pássaros, a fim de descobrir se isso ampliaria o período crítico para respostas de aproximação e acompanhamento, bem como para estampagem. Moltz e Stettner (1961) esperavam esse efeito porque rejeitaram a noção anterior de um período crítico que fosse função exclusiva de acontecimentos de maturação. Esses pesquisadores, de acordo com as interpretações de Schneirla (1959) e seguindo Moltz (1960), supuseram que a duração do período crítico dependeria do impacto de experiências sensoriais no organismo em maturação.

Moltz e Stettner (1961) reduziram as experiências visuais iniciais de patinhos de um grupo experimental, e para isso neles colocaram capacetes que permitiam que a luz difusa atingisse os seus olhos, mas impediam a percepção de forma visual. Cada patinho era conservado numa caixa, até o momento em que era colocado, sem o capacete, num estrado que continha uma caixa em movimento. A prova consistia de uma exposição, durante vinte e cinco minutos, ao objeto de teste; depois, o animal (sem o capacete) passava um dia em sua gaiola e finalmente tinha uma outra prova de vinte e cinco minutos. Diferentes subgrupos do grupo experimental foram expostos pela primeira vez ao objeto em movimento, doze, vinte e quatro, quarenta e oito e setenta e duas horas depois de terem saído do ovo. Os animais do grupo de controle foram tratados exatamente da mesma forma, mas os seus capacetes tinham orifícios, o que lhes permitia visão normal. Os resultados são apresentados na Fig. 9. A nota de acompanhamento para cada patinho se baseia nas duas

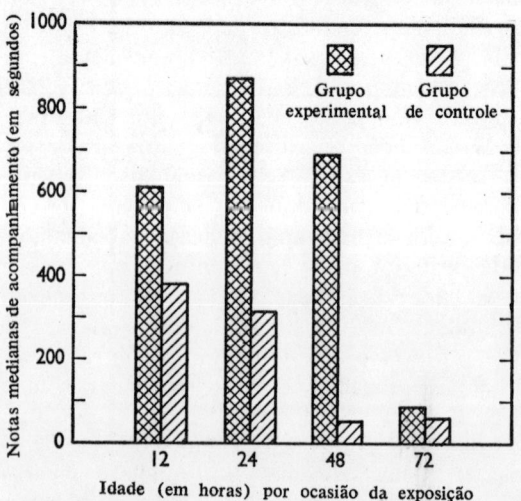

Fig. 9. Notas medianas de acompanhamento, obtidas por pintinhos do grupo experimental e do grupo de controle, depois de diferentes idades por ocasião da exposição (de Moltz e Stettner, 1961).

provas. Ficou claro que o período de respostas poderia ser consideravelmente ampliado, desde que se impedisse qualquer experiência de luz padronizada antes de exposição a estimulação visual intermitente.

Deve-se notar que a perda de capacidade para responder, em pássaros socialmente criados, não é necessariamente permanente. Guiton (1958, 1959) mostrou que pintinhos socialmente criados, e depois mantidos em isolamento, muitas vezes respondiam vigorosamente a *qualquer* objeto em movimento. Portanto, em certo sentido sua estampagem inicial era muito reversível. Uma quantidade limitada de experiência visual poderia levar a extensa generalização de estímulo e ampliação de capacidade geral de resposta.

Até que ponto o período crítico pode ser ampliado por uma restrição inicial de exposição a estimulação? Como já se disse no Cap. 4, Baron e Kish (1960) criaram alguns pintinhos em isolamento social completo durante as quatro primeiras semanas de vida. Depois, foram examinados quanto à reação a um "animal estimulador", verificando-se que eram relativamente insensíveis; ver também Baron, Kish e Antonitis (1961).

Sluckin (1962) instruiu, por algumas horas, e com um objeto em movimento, pintinhos criados isolados. Isso era feito pela primeira vez quando tinham oito dias de idade, e mais tarde os pintinhos eram examinados — com quinze dias de idade — quanto à discriminação entre o objeto conhecido e um objeto estranho. Esses pintinhos "passavam" no exame, o que mostrava que podiam sofrer estampagem em idade posterior, antes considerada como fora do período crítico. No entanto, quando pintinhos isolados, com a idade de quinze dias, eram expostos pela primeira vez a um objeto em movimento, dificilmente sofriam estampagem por esse objeto (o que se verificava em exame posterior). Portanto, parece que a possibilidade de sofrer estampagem a novas configurações de estímulos diminui com a idade, mesmo quando se tenha impedido estampagem inicial.

De outro lado, há algumas indicações de que a estampagem pode ocorrer em pássaros precoces mais velhos. Deve-se lembrar que, no experimento realizado por Baron e Kish (1960), os pintinhos que tinham sido criados no isolamento até a idade de quatro semanas foram depois conservados — da quinta até a décima semana de vida — em gaiolas comuns. Portanto, esses pintinhos tiveram, em idade relativamente tardia, oportunidade para ligação mútua. Na realidade, quando foram examinados com dez semanas de idade gastaram tanto tempo perto do "animal estimulador" — um pintinho de sua idade — quanto os pintinhos do grupo de controle que durante toda a vida tinham ficado com seus irmãos. Como já foi dito antes, é possível que a sociabilidade que os pintinhos do grupo experimental desenvolveram entre a quinta e a décima semana de vida fosse devida, até certo ponto, a estampagem. No entanto, está claro que essa sociabilidade poderia também desenvolver-se como uma conseqüência de aprendizagem instrumental; o fato de ficar perto dos companheiros de idade poderia dar a um pintinho diferentes recompensas — por exemplo, calor, abrigo, alimento e água.

Em experimento posterior, Baron, Kish e Antonitis (1962) criaram, durante as dez primeiras semanas de vida, grupos de pintinhos domésticos sob três condições: a) comunitária; b) comunitária por uma semana, seguida por nove semanas de isolamento; c) isolamento por uma semana, seguida por nove semanas de experiência comunitária. Com cinco e dez semanas depois de terem saído do ovo, os pintinhos foram submetidos a exames de "reatividade social" a um "animal estimulador". Verificou-se que os efeitos de isolamento ou de contato social inicial eram muito modificados por experiências posteriores, chegando-se à conclusão de que, embora mais aprendizagem social ocorresse muito cedo na vida, ocorria também em estádios posteriores de desenvolvimento. A possibilidade de que a estampagem desempenhasse certo papel nessa aprendizagem social posterior não poderia ser excluída.

Waller e Waller (1963) pensaram que a estampagem não seria a base para comportamento social posterior, pois os patinhos que tinham criado em isolamento se juntavam depois de um período de confinamento em gaiolas pequenas. No entanto, não se pode ter certeza de que essas ligações, mesmo quando adquiridas em fase posterior, não derivem até certo ponto da estampagem. Tudo que se pode dizer a respeito de tais resultados experimentais é que a importância da aprendizagem social ficou clara em todos os estádios da ontogenia, e não apenas nos estádios iniciais.

É interessante notar que, segundo Harlow (1958), as ligações filiais de filhotes de macacos com mães "substitutas", embora normalmente adquiridas muito cedo na vida, poderiam também desenvolver-se na idade relativamente avançada de oito meses. Aparentemente, essa adoção tardia de "mães de pano" se desenvolvia da maneira usual, sem qualquer reforço positivo externo. Harlow observou que, embora tais adoções tardias pudessem ocorrer, a intensidade de respostas afetivas se reduzia pelo atraso na exposição aos estímulos táteis e de outros tipos que são apresentados pela "mãe de pano".

Quanto ao período crítico, o que se pode concluir de tudo isso? Nos pássaros precoces, o comportamento social é aprendido; esta aprendizagem não se limita a qualquer período específico. As provas de que dispomos mostram que, quando a aprendizagem social ocorre muito cedo na vida do animal, ocorre estampagem não-reforçada, e não condicionamento a recompensa (cf. Taylor e Sluckin, 1964a). Quando a aprendizagem social ocorre mais tarde, pode, ou não, conter um elemento de estampagem. Se se pudesse mostrar que a estampagem é um fator em aprendizagem social posterior, seria necessário abandonar a noção de um período inicial crítico, relativamente curto. No entanto, não existem provas conclusivas de que, em pássaros precoces, a capacidade para estampagem pode persistir, mesmo sob as condições mais favoráveis, depois do estádio juvenil de desenvolvimento.

V. O FIM DO PERÍODO SENSÍVEL

Algumas opiniões foram apresentadas, ou supostas, para explicar o fim do período sensível para respostas de aproximação e acompanhamento, bem como para estampagem de tais respostas. Kaufman e Hinde (1961) classificaram as teorias em quatro categorias, que podem ser resumidas da seguinte maneira: 1) o fim da sensibilidade, em decorrência de maturação; 2) inibição pela socialização; 3) o desenvolvimento da timidez; 4) o fim do estado de pouca angústia.

A primeira das teorias sugere que a proximação e o acompanhamento desaparecem naturalmente, à medida que o animal fica mais velho, e que esse desaparecimento é internamente determinado, e não devido a qualquer impacto de experiências. Essa explicação para duração relativamente pequena do período crítico estava implícita nas descrições originais de estampagem, apresentadas por Lorenz (1935) e Fabricius (1951a).

Essa opinião, interpretada de maneira ampla, dificilmente pode ser refutada. É difícil conceber experimentos ou observações que pudessem mostrar, de maneira definitiva, que *não* existe desaparecimento de respostas, a não ser como resultado de experiências. No entanto, interpretada de maneira mais limitada, a teoria do fim do período sensível como resultante de maturação foi inteiramente desmentida pela verificação de que é possível impedir o fim precoce do período crítico através da restrição da exposição do animal a estimulação (Guiton, 1958, 1959; James, 1960a, b; Sluckin e Salzen, 1961; Moltz e Stettner, 1961).

Por isso, parece plausível a segunda teoria, segundo a qual a estampagem por novos objetos é em grande parte inibida pela socialização. No entanto, exige certa reformulação. Considerando-se os dados existentes, pode-se dizer que o período sensível para a estampagem tende a continuar enquanto não ocorra estampagem firme. A estampagem de respostas de aproximação e acompanhamento de qualquer figura tende a inibir a aproximação e a estampagem de figuras novas (Sluckin e Salzen, 1961).

A terceira teoria sugere que o fim do período sensível seja causado pelo desenvolvimento do medo (Hinde, 1955b). Segundo essa interpretação, o desenvolvimento de respostas de medo finalmente inibe as respostas de aproximação e acompanhamento; cf. Hinde, Thorpe e Vince (1956) e Hess (1957, 1959a, b, 1962b). Esta explicação para o fim do período crítico de estampagem tem tido uma grande aceitação; ver, por exemplo, Candland e Campbell (1962), Waller e Waller (1963) e Hersher, Richmond e Moore (1963). Grande parte do capítulo seguinte é dedicada aos problemas apresentados pela teoria do medo.

Neste ponto, no entanto, vale a pena recordar que, segundo se observou, em alguns casos, as respostas de acompanhamento desapareceram na ausência de qualquer indicação de medo (Jaynes, 1956; Weidmann, 1956, 1958); segundo Weidmann (1958), a opinião de que a tendência de fuga causa o fim do período crítico é insustentável no caso dos patos *mallard*. Weidmann estava inclinado a acreditar que a maturação da tendência de fuga poderia ser um fator que contribuiria para o fim do período crítico, mas não a sua única causa. Sluckin e Salzen (1961) indicaram, mais tarde, que o modo poderia, em alguns casos, ser uma conseqüência da estampagem (ver Cap. 7).

Segundo o acentuam Kaufman e Hinde (1961), o conceito de um período crítico bem definido é enganador. Muitos pesquisadores verificaram "uma mudança gradual na probabilidade de que ocorra a estampagem, de acordo com as condições de criação e o processo de exame". O início e o fim do período crítico certamente não podem ser claramente definidos através da idade a partir da saída do ovo. No entanto, pelo menos no caso do marreco de Pequim, mostrou-se a existência de um período crítico relativamente bem definido em função de idade de desenvolvimento, isto é, idade calculada a partir do início da incubação (Gottlieb, 1961a). Isso indica que "a prontidão para estampagem só desaparece de acordo com fatores de maturação". Aparentemente, Gottlieb vai ainda mais longe do que Weidmann ao criticar a opinião de que o início do medo encerra a suscetibilidade à estampagem. Os filhotes dos marrecos de Pequim (muito domesticáveis) geralmente demonstram bem pouco medo; por isso, é improvável que uma tendência geral para a fuga desempenhe papel decisivo no fim da suscetibilidade à estampagem, pelo menos nas espécies mansas.

O capítulo seguinte examina de maneira mais completa o medo e sua reação com a estampagem. Examinaremos também o conceito de angústia, especificamente a quarta das teorias apresentadas anteriormente e formulada por Moltz (1960); este sugere que o período crítico para estampagem termina quando termina o estado de pouca intensidade do "impulso de angústia". Para esclarecer o papel do medo e da angústia no fim do período sensível será necessário a) examinar o estado atual do conhecimento quanto ao desenvolvimento ontogenético de respostas de medo, e b) examinar o caráter da teoria que supõe o conceito de angústia.

Medo e Angústia

I. O DESENVOLVIMENTO DA TIMIDEZ

7 Na linguagem diária, o termo medo refere-se a uma experiência emocional específica, cujos concomitantes comportamentais incluem resposta de imobilidade ou fuga, mudanças na respiração e no controle esfincteriano, etc. O medo pode ser provocado "por estimulação repentina e intensa, ou por classes específicas de estímulos que precisam ser identificados empiricamente para cada espécie estudada" (Verplanck, 1957). Sem dúvida, tais classes específicas de estímulos podem ser determinadas para qualquer indivíduo; no entanto, não se sabe até que ponto podem ser identificadas para uma espécie como um todo.

Que classes específicas de estímulos são temidas por um pintinho ou por um patinho? Spalding (1873) observou que, num estádio de desenvolvimento, os pintinhos poderiam aproximar-se de uma mão humana e acompanhá-la; em outro estádio, poderiam fugir dela. Fabricius (1951a) e, mais tarde, Ramsay e Hess (1954), notaram que objetos que provocariam respostas de medo em patinhos poderiam também provocar aproximação e acompanhamento. Hinde, Thorpe e Vince (1956) verificaram que isso também ocorria no caso de filhotes de frangos-d'água e carquejas. Às vezes, a tendência para aproximar-se de uma figura e depois segui-la parece ser perturbada por uma tendência para fugir dela. Às vezes, as respostas de medo aparentemente inibem inteiramente quaisquer respostas incipientes de aproximação e acompanhamento de determinada figura. Isso pode ocorrer num indivíduo e não em outro, ou no mesmo indivíduo em certo momento, mas não em outro.

Foram feitas observações sobre filhotes de pássaros que, aparentemente, estavam num estado de conflito, ao mesmo tempo "atraídos" e "repelidos" pela mesma figura. Os pintinhos podem às vezes aproximar-se de um objeto em movimento, afastar-se dele, aproximar-se novamente, etc. Às vezes o animal fica parado, enquanto o objeto passa por perto; o filhote de pássaro move um pouco sua cabeça na direção do objeto, depois para o lado oposto, depois novamente para ele, repetindo várias vezes esses movimentos.

Essa vacilação pode ser vista quando o animal que está sofrendo estampagem pelo objeto A é também um pouco atraído pelo objeto B; à medida que a estampagem por A continua, o animal se torna ambivalente com relação a B, e finalmente foge deste (Hinde, 1961). Certa ambivalência também tem sido vista em pintinhos que inicialmente fugiriam de um objeto em movimento a eles apresentado; no entanto, depois de várias tentativas distribuídas por vários dias, esse animal começa a acompanhar o objeto, embora dele se afaste momentaneamente, sempre que dele se aproxima excessivamente. Num caso desses, o pintinho perdeu o medo, e começou a seguir nitidamente uma caixa em movimento, mas apenas a partir do décimo quarto dia de vida; quando depois se fez a mesma experiência diariamente, continuou a seguir a caixa (Sluckin e Salzen, 1961).

Já se disse que os filhotes de pássaros precoces não têm medo. Spalding (1873) pensava que o medo não apareceria em pintinhos domésticos antes do terceiro dia de vida, mas depois se desenvolvia rapidamente entre o terceiro e o quarto dia de vida. As descrições posteriores do aparecimento da timidez foram meio conflitivas. Uma apresentação provisória do problema pode ser encontrada em Gray e Howard (1957); esses pesquisadores concluíram que o medo em pintinhos atingia o ponto máximo entre o terceiro e o quarto dia depois de terem saído do ovo, e depois começava a declinar.

Schaller e Emlen (1962) fizeram um estudo sistemático do desenvolvimento de comportamento de afastamento em galináceos e galinhas-d'água; pesquisaram a galinha doméstica, o peru, o pato-do-mato (*Muscovy duck*), e o ganso chinês; entre as espécies selvagens, três espécies de faisão, a codorniz japonesa, o peru oriental e o pato selvagem *mallard*. Muitos dos filhotes foram conservados em confinamento solitário até o momento do exame de sinais de medo, mas outros foram criados aos pares em gaiolas fechadas, ou em caixas com aberturas, tanto sozinhos quanto aos pares. O exame era o seguinte: na caixa colocava-se uma corda que tinha um cartão fixado em ângulos retos. Um afastamento inicial diante do cartão era considerado como indicação de medo. A principal verificação foi que, sob condições de restrição visual, até a idade de quatro a seis dias havia um gradual aumento no comportamento de afastamento. Entre outras coisas, verificou-se também que as aves criadas aos pares mostrava mais medo quando examinadas a partir do segundo dia depois de terem saído do ovo, do que as criadas sozinhas.

Considerando-se o fato bem verificado de aumento gradual no nível de timidez, poderia parecer indiscutível a conclusão de que o medo interferiria em qualquer tendência para aproximação e acompanhamento (e estampagem) diante de figuras novas apresentadas, e mais cedo ou mais tarde inibiria totalmente tais respostas. E, como já foi dito no fim do último capítulo, essa foi a opinião apresentada por Hinde e, mais tarde, por Hess. No entanto, considerando-se os dados a respeito do desenvolvimento do medo nos filhotes da galinha doméstica e das espécies afins, parece necessário modificar a opinião anterior quanto à relação entre estampagem e medo. Como é que se desenvolve o medo?

II. MEDO DE FIGURA, DE FUNDO, OU DE AMBOS

Ao considerar o desenvolvimento de reações de medo, é conveniente distinguir entre dois aspectos do ambiente do animal e que podem ser temidos: a) um padrão ou uma figura de estímulos flutuantes; b) o ambiente estático, ou fundo (Sluckin, 1960). As observações de medo até agora citadas referiam-se a medo de objetos em movimento, ou figuras. No entanto, Sluckin e Salzen (1961) consideraram também indicações, em filhotes de aves, de medo do ambiente estático. Salzen (1962) pesquisou sistematicamente as respostas de medo em pintinhos de até sete dias de idade, criados sozinhos ou em grupos, 1) diante apenas do ambiente estático — um estrado com um objeto parado — e 2) a um ambiente que combinava elementos estacionários e flutuantes — um estrado com um objeto em movimento, ou um estrado com um ou mais pintinhos.

Salzen notou respostas de medo a novo terreno, sob a forma de "congelamento" ou pios de "infelicidade" — em pintinhos de todas as idades; os mais velhos também pareciam tentar fugir do estrado desconhecido, pois saltavam nas paredes. Concluiu que o medo apresentado era uma resposta à estranheza do estrado. Schaller e Emlen (1962) afirmaram, também, que a estranheza "era a única propriedade essencial do estímulo responsável pela resposta negativa".

Salzen (1962) verificou que o medo do ambiente estático não dependia muito do fato de os pintinhos terem sido criados socialmente ou em isolamento. Todos os pintinhos tinham um modo perceptivo conhecido, e o medo resultava do contraste entre esse ambiente conhecido e o ambiente novo e estranho. Aparentemente, o grau de aceitação de qualquer ambiente *novo* é função de exposição a ele. Além disso, quanto maior o tempo gasto em qualquer ambiente, mais estranho, relativamente, é qualquer ambiente novo. Segundo a observação de Schaller e Emlen (1962), só com o tempo as coisas ficam conhecidas, e por isso é necessário certo tempo antes que as coisas novas sejam percebidas como estranhas. Como o medo é função da estranheza, só com o tempo se desenvolve.

Quanto ao medo de uma figura em movimento, Salzen (1962) confirmou, fundamentalmente, as verificações anteriores a respeito de resposta de acompanhamento em pintinhos criados socialmente e em isolamento. Quase todos os pintinhos isolados, quando colocados diante de uma figura em movimento, inicialmente mostravam sinais de medo — "congelamento" seguido de pios de infelicidade — e, no caso de pintinhos mais velhos, também comportamento de afastamento. No entanto, dentro de poucos minutos, o medo era substituído por respostas positivas ao objeto em movimento, acompanhadas de pios de contentamento. No caso de pintinhos com sete dias de idade, criados em isolamento, era muito marcante a passagem de uma fuga inicial para um movimento na direção do objeto em movimento.

Os pintinhos criados socialmente mostravam mais medo e menos "contentamento" quando examinados, durante três minutos, com uma caixa em movimento, durante o segundo dia de vida. Com três a quatro dias de idade, os pintinhos socialmente criados, e examinados pela primeira vez, às vezes passavam de medo a "respostas de prazer, em conseqüência de experiência contínua com o objeto em movimento". Guiton (1959) mostrou que, depois de três dias de idade, os pintinhos criados socialmente não se aproximavam de um objeto em movimento e nem passavam a segui-lo.

Fundamentalmente, Salzen confirmou isso; ao contrário do que ocorria com pintinhos de sete dias, criados isolados, os pintinhos com a mesma idade e que tinham sido criados socialmente não sofriam estampagem de uma caixa em movimento.

Quando um filhote de pássaro precoce fica diante de uma figura estranha, e num ambiente estranho, seu medo parece geral. Quando apenas a figura é estranha, o animal tem medo dela, e, se tiver idade suficiente, foge dela. O que dizer de uma figura conhecida num terreno estranho? Como vimos no Cap. 5, o medo do ambiente parece "empurrar" o animal para a figura.

Ao considerar os dados que confirmam a idéia de que os animais se ligam ao seu ambiente de uma forma semelhante à da estampagem, notamos que uma mudança no ambiente estático fazia com que as manifestações de ligação à figura conhecida se tornassem mais evidentes e notáveis. Várias formas de perturbação ambiental, entre as quais se incluem ruídos altos e desconhecidos, fazem com que pintinhos que já sofreram estampagem corram para a figura conhecida e passem a acompanhá-la de perto (Sluckin, 1960; Sluckin e Salzen, 1961). Guiton (1961) também mostrou que os pintinhos que tinham passado por estampagem muitas vezes podiam ser "forçados" a ficar perto do modelo se fossem "levemente assustados" pelo experimentador. Verificou também que, quando um grupo de pintinhos estava num estrado com um modelo em movimento, os pintinhos freqüentemente recomeçavam a acompanhar o modelo se fossem perturbados por ruído fora do estrado. Também esta mudança no comportamento poderia ser explicada como devida ao medo do ambiente auditivo modificado. Pitz e Ross (1961) descreveram um resultado semelhante; em seu experimento, ruídos repentinos e intensos eram produzidos sempre que um pintinho ficava a aproximadamente quinze centímetros do objeto estimulador; nessas circunstâncias, aumentava-se significativamente o acompanhamento do objeto.

Está claro que, embora o medo da figura tenha tendência a inibir a aproximação e o acompanhamento, o medo do fundo tende a estimular tais respostas à figura. O medo de qualquer ambiente específico pode desenvolver-se em diferentes condições. Pode aparecer como conseqüência de ligação a outro ambiente; nesse caso, os outros ambientes são temidos porque são estranhos. O medo do ambiente também pode ser condicionado; nesse caso, o ambiente é temido porque está associado a alguma estimulação que provoca mal--estar ou dor. No entanto, qualquer que seja a maneira de provocar o medo, pode-se esperar que o animal que tenha medo do ambiente tenha tendência a aproximar-se da figura.

Isso é revelado pelos resultados obtidos por Moltz, Rosenblum e Halikas (1959). Durante dez dias, esses pesquisadores mantiveram, individualmente, patinhos com uma caixa em movimento, durante vinte e cinco minutos por dia. Embora os patinhos em nenhum estádio tivessem um teste de discriminação, há pouca dúvida de que a instrução tenha sido suficiente para provocar estampagem à caixa, sobretudo porque apenas os que apresentavam bom acompanhamento foram aproveitados no experimento. Alguns dos patinhos — os do grupo experimental — recebiam um choque elétrico no estrado; o choque foi aplicado no sétimo, no oitavo e no nono dias, e depois ficavam no mesmo estrado com a caixa conhecida. Portanto, os pintinhos do grupo experimental foram condicionados a ter medo do estrado. O resultado foi que os pintinhos do grupo experimental apresentavam melhor acompanhamento da caixa do que os do grupo de controle que não tinham aprendido a associar o estrado com mal-estar ou dor. Portanto, embora outras interpretações não possam ser necessariamente excluídas, parece provável que o medo do ambiente tenha levado os pintinhos do grupo experimental a aproximar-se da figura conhecida.

Antes disso, Moltz e Rosenblum (1958), usando filhotes de marrecos de Pequim, realizaram um experimento de tipo um pouco diferente. Colocaram os marrequinhos, individualmente, e durante uma hora, no estrado, antes de colocá-los no mesmo estrado com a figura em movimento. Verificou-se que os marrequinhos do grupo experimental apresentavam pior acompanhamento da caixa do que os do grupo de controle que não estavam acostumados ao estrado. É provável que os marrequinhos do grupo de controle, como não conheciam o estrado no momento da prova, tivessem mais medo do estrado do que os marrequinhos do grupo experimental que já o conheciam. Por isso, os marrequinhos do grupo de controle podem ter sido mais intensamente levados a aproximar-se da figura do que os do grupo experimental, e por isso seguissem mais vigorosamente e mais de perto a caixa.

Um experimento decisivo consistiria em instruir, individualmente, dois grupos de animais num estrado, e depois examinar individualmente um grupo com a figura conhecida no estrado conhecido, e o outro grupo com a mesma figura num estrado desconhecido. Com experiência suficiente, deve-se esperar que os animais do último grupo apresentem melhor acompanhamento do que os examinados no estrado conhecido, mas desde que os testes sejam suficientemente sensíveis. Essa melhor realização seria devida ao "trauma" associado ao novo estrado. A alternativa a esse processo seria examinar todos os animais no mesmo estrado conhecido, mas alterar alguns de seus aspectos para alguns animais, mas não para outros. Essa alteração poderia ser apenas uma adição de alguns objetos estacionários ao estrado, alteração de cor das paredes, e assim por diante. As condições do teste seriam muito semelhantes às que restauravam o acompanhamento de pintinhos "saciados" (ver Cap. 5).

Evidentemente, a estranheza não é a única base para o medo. Este pode ser provocado, em qualquer indivíduo, por estímulos muito intensos, bem como por estimulação insuficiente (Hebb, 1946). Exemplos do primeiro caso seriam: ruídos altos, luzes brilhantes e ofuscantes, e assim por diante; exemplos de deficiência sensorial seriam: escuridão, solidão prolongada, e assim por diante. Sob outros aspectos, no entanto, os medos iniciais são medos do estranho. Já se demonstrou repetidamente que os estímulos novos tendem a provocar medo (ver, por exemplo, Hebb, 1946; Melzack, 1952; Montgomery, 1955; Thompson e Melzack, 1956; mais recentemente, no campo da estampagem, Moltz e Stettner, 1961; Salzen, 1962).

Melzack (1952) resenhou os estudos anteriores, feitos por vários pesquisadores, de respostas de objetos estranhos em chimpanzés. Ele próprio estudou o medo de objetos estacionários e em movimento no caso de vinte e seis cães. Melzack verificou que objetos estranhos inofensivos, mas em movimento, mais facilmente tendiam a provocar medo do que objetos semelhantes, mas estacionários. Concluiu que alguma experiência, ou aprendizagem de "tipo diferente de condicionamento", era condição prévia de respostas de afastamento. Thompson e Melzack (1956) depois supuseram que: 1) o medo poderia ser provocado pelo "estranho ou inesperado"; 2) esse medo não poderia resultar de condicionamento.

Menzel (1963) cita estudos anteriores segundo os quais os chimpanzés-bebês podem mostrar medo logo que sejam capazes de discriminar um objeto como novo. Segundo Salzen (1963a), "o medo (...) se desenvolve com a experiência, e não com a idade". Os pintinhos precisam de dois a três dias para que possam reconhecer uma figura como nova. Os bebês de macacos resos precisam de muito mais tempo; começam a apresentar respostas de medo a estímulos estranhos, por volta de vinte a vinte e quatro dias de idade (Harlow, 1961), e mostram medo de objetos estranhos quando estão com quarenta a cinqüenta dias de idade (Harlow e Zimmermann, 1959).

III. MEDO E ESTAMPAGEM

Perguntar em que idade o medo aparece pela primeira vez é fazer uma pergunta errada. Se apenas os pios de infelicidade são considerados como indicação de medo, é possível dizer que, nos pintinhos domésticos, há provas de medo a partir do momento em que saem do ovo (Salzen, 1962). No entanto, se se considera a fuga como critério de medo, as respostas de medo em pintinhos podem tornar-se nítidas por volta de vinte e quatro horas de idade. No entanto, como já vimos, não se pode dizer que o início do medo dependa da idade como tal; é muito influenciado pela natureza das primeiras experiências do animal.

Um animal que tenha sofrido uma forte estampagem, e que seja colocado numa situação de escolha, se aproximará de uma figura conhecida; em si mesmo, esse movimento exige afastamento com relação a coisas desconhecidas. Aparentemente, esse movimento de afastamento é uma conseqüência da estampagem. Hinde (1961), no entanto, sugere que a "tendência para fugir de objetos estranhos usualmente amadurece mais tarde do que a tendência para acompanhá-los". De outro lado, o reconhecimento do estranho exige experiência. Independentemente do fato de a maturação ser ou não um fator importante no desenvolvimento do medo, a tendência para fugir de objetos estranhos precisa ser adquirida, na medida em que o "conhecimento" do que é estranho é adquirido.

Já vimos que os pintinhos com estampagem mútua mostram cada vez mais medo de objetos estranhos e em movimento, e não podem ser facilmente estampados por eles depois de três a quatro dias de idade. Salzen (1962) mostrou que pintinhos recém-saídos do ovo precisavam de aproximadamente vinte e quatro horas de algum tipo de estampagem antes de novos objetos serem suficientemente estranhos para que fossem "ativamente" temidos. Antes disso, Ramsay e Hess (1954) mostraram que também patinhos não mostravam medo apreciável durante as primeiras vinte e quatro horas de vida.

No entanto, o medo de uma figura não impede, necessariamente, que o animal sofra estampagem com relação a ele. Gradualmente, o medo pode ser tão completamente superado que a aproximação, o acompanhamento e a estampagem se tornam possíveis. Muitos pesquisadores observaram casos de filhotes de pássaros que inicialmente evitavam uma figura em movimento e, depois, começavam a acompanhá-la (Fabricius, 1951a; Jaynes, 1957; Weidmann, 1958; Guiton, 1959; Sluckin e Salzen, 1961). No entanto, segundo Hess (1959a), os pássaros que são induzidos, dessa forma, a acompanhar objetos, na realidade não sofrem estampagem deles. Não deve ser difícil verificar experimentalmente essa sugestão.

A opinião apresentada por Sluckin e Salzen (1961), Salzen (1962) e Sluckin (1962), segundo a qual a suscetibilidade à estampagem termina como resultado da estampagem, ou que o medo se desenvolve com esta e não independentemente dela, já tinha sido prenunciada em 1950 por Alley e Boyd. Estes pesquisadores verificaram que, com vinte e quatro horas de idade, os filhotes de carquejas tinham estampagem completa dos pais; a partir de então mostravam medo de seres humanos, e a imitação de pios e a alimentação dada por pessoas não eliminavam esse medo. Além disso, filhotes de carquejas com quatro dias de idade, e que não tinham sofrido estampagem dos pais, eram indiferentes a estes, e chegavam a temê-los, embora as aves adultas mostrassem intenso comportamento paternal ao verem os filhotes.

A imobilidade é uma forma de reação de medo de pássaros precoces, mas tem recebido atenção relativamente pequena. Salzen (1963a) distinguiu entre congelamento em posição normal, e resposta de imobilidade do animal preso com as mãos e virado para o lado ou de costas. Ratner e Thompson (1960) verificaram que as reações de imobilidade não ocorriam, em pintinhos domésticos, antes de sete a dez dias depois de terem saído do ovo. Verificou-se que o fato de antes serem apanhados na mão reduzia significativamente a duração da imobilidade no teste — quando o animal era virado de lado. Aparentemente, o desconhecimento da experiência que provocava a imobilidade poderia ser reduzida pelo fato de o animal ser antes apanhado na mão e passar pela prova; o resultado disso era uma redução nas respostas de medo quando era virado, o que era indicado por menor duração da resposta de imobilidade.

Também Salzen (1963a) mostrou que, antes do sétimo dia depois de terem saído do ovo, a imobilidade não aparecia em pintinhos domésticos. Verificou que as respostas de imobilidade de pintinhos socialmente criados eram mais prolongadas do que as de pintinhos criados no isolamento. Sempre que um pintinho socialmente criado era colocado de barriga para cima, mas diante de outros pintinhos, sua imobilidade tendia a ser menos duradoura. Salzen sugeriu que a separação de um pintinho dos companheiros com que tinha sido estampado aumentava seu medo da nova experiência e, por isso, aumentava o seu período de imobilidade. A presença dos companheiros do pintinho durante o teste de imobilidade reduzia a novidade da situação e, por isso, reduzia a intensidade do medo e a duração da imobilidade.

IV. ESTAMPAGEM, ANGÚSTIA E IMPULSOS PRIMÁRIOS

O medo, no sentido usual, é medo de alguma coisa ou de alguém; quando falamos de medo, supomos a existência de um objeto amedrontador. De outro lado, pode-se dizer que a angústia é uma condição geral de medo, independente de objetos. Alguns teóricos da aprendizagem não fazem distinção entre medo e angústia (ver Mowrer, 1939), embora outros reconheçam diferenças (por ex., Miller, 1948, 1951). A teorai da aprendizagem dá muita ênfase à possibilidade de aquisição de angústia. Mowrer (1939) admitia que a angústia era "a forma condicionada de reação de dor", um impulso secundário adquirido; essa opinião passou a ser muito aceita.

É discutível que as manifestações de angústia, bem como as de medo, sejam observáveis em associação com a estampagem. O que consideramos indicações de angústia — pios de infelicidade, respostas freqüentes de susto, defecação freqüente — não são facilmente separáveis de indicações de medo; apesar disso, a principal indicação de medo, pelo menos em estudos de estampagem, é fuga diante de situações e objetos determinados.

Moltz (1960) considerou que um pássaro recém-saído do ovo mostrava pouca angústia, pois, embora apresentasse pios de infelicidade, apresentava pouca inquietação geral. Os objetos em movimento facilmente chamam a atenção de filhotes de pássaros. Por isso, Moltz sugeriu que a associação de um estado de pouca angústia com um objeto que chame a atenção leva à aquisição, pelo objeto, "da capacidade de provocar alguns componentes anatomicamente controlados do estado de impulso". Essa proposição e a linguagem em que está apresentada podem parecer — para os etologistas e para muitos psicólogos que vivem fora dos Estados Unidos — um pouco estranhas. No entanto, a proposição e sua linguagem estão muito de acordo com a tradição da teoria de impulso com aprendizagem.

Um tipo inicial de teoria da aprendizagem foi apresentado por J. B. Watson, o fundador do comportamentismo (*behaviorism*). Usando a situação condicionante de Pavlov como modelo, Watson sustentou, no início da década de 1920--1930, que a aprendizagem consistia de associações entre estímulos e respostas, e que as associações resultavam de contigüidade temporal repetida de tais pares. No entanto, logo ficou claro que uma simples repetição de contigüidade temporal não levava necessariamente ao desenvolvimento de associações. Na década de 1930-1940, C. L. Hull construiu uma teoria em que a chamada Lei do Efeito, apresentada pela primeira vez por E. L. Thorndike, no início do século, se tornava, sob uma nova forma, a mola de toda a aprendizagem. Segundo essa interpretação, que logo passou a ser muito aceita, uma resposta seria aprendida apenas quando fosse recompensada — em outras palavras, quando fosse seguida por ato consumatório, — por exemplo, comer, beber, acasalar-se, ou fugir de uma situação dolorosa. Portanto, os impulsos primários para aprendizagem estavam, segundo se pensava, enraizados em desequilíbrios fisiológicos, ou necessidades do corpo. E a redução do impulso, considerada como essencial para a ocorrência de aprendizagem, estava, segundo se pensava, associada à restauração da homeostase. No entanto, alguns impulsos poderiam também ser adquiridos ou aprendidos, e tais impulsos secundários poderiam, em si mesmos, dar a força motivadora para a aprendizagem (ver, por exemplo, Miller, 1951).

Indiscutivelmente, grande parte da aprendizagem é aprendizagem por recompensa. No entanto, grande parte da aprendizagem resulta de castigo. Neste tipo de situação de aprendizagem o castigo é provocado por respostas erradas, enquanto as certas não são premiadas. Isso é conhecido como aprendizagem de afastamento. A aprendizagem de afastamento não pode ser facilmente explicada através da Lei do Efeito, pois as respostas incorretas *não são repetidamente,* eliminadas; como são evitadas, não são apresentadas. Para ajustar a aprendizagem de afastamento a uma teoria construída a partir da Lei do Efeito, Mowrer e outros criaram uma teoria subsidiária de aprendizagem de angústia. Dizia-se que a angústia resultaria de condicionamento de afastamento, isto é, aprendizagem de resposta a uma situação, de modo a evitar castigo (evitar o estímulo reforçador negativo). Depois da aquisição da angústia, admitia-se que muitas aprendizagens posteriores estariam ligadas à redução de angústia (para discussão mais completa, ver, por ex., Bindra 1959, ou Broadbent, 1961)

Como já vimos, segundo Moltz (1960), inicialmente o pássaro recém-saído do ovo está num estado de pouca angústia, em grande parte caracterizado pela ausência de qualquer atividade variada e inquieta. Este estado se torna associado a um objeto em movimento; vale dizer, o animal aprende que o objeto em movimento representa o estado "recompensador" de pouca angústia. Em conseqüência desse condicionamento, "o objeto adquire a capacidade para funcionar como reforçador, e, portanto, mediar nova aprendizagem". Depois, as respostas que são úteis para colocar o animal mais perto do objeto conhecido são premiadas com redução conseqüente de angústia; por isso ocorrem o acompanhamento e a estampagem. Como veremos depois, essa explicação de estampagem não é a mais parcimoniosa, nem realmente necessária; mas provavelmente é atraente para os teóricos convencidos de que toda aprendizagem deve ser reforçada ou associada com redução de impulso. É interessante notar que Moltz (1963) apresentou dúvidas quanto à sua opinião anterior, que – como diz ele — considerava a estampagem como, "fundamentalmente, um condicionamento clássico-instrumental, centralizado na excitação e na redução de emotividade".

Como já vimos no fim do último capítulo, o período crítico para a estampagem, segundo Moltz (1960), dura apenas enquanto dura o estado de pouca angústia. Diz-se que isso ocorre normalmente durante um breve período no início da vida do animal. No entanto, a estampagem poderia ocorrer também em outras épocas; na realidade, poderia ocorrer sempre que pouca angústia estivesse associada a qualquer estimulação nova e dominante. De outro lado, um pintinho que sente frio, e, portanto, presumivelmente e, em certo sentido, sente angústia, não deveria ser suscetível, como o disseram Salzen e Tomlin (1963), à estampagem. No entanto, esses pesquisadores verificaram que não era isso que ocorria. Em conclusão, observaram que "a vista do objeto em movimento *provoca* o estado de "pouca angústia", em vez de tornar-se associado a ele". O fato de inicialmente o animal não ter medo pode ser considerado como devido apenas ao fato de a estampagem, que exige tempo, ainda não ter ocorrido.

No entanto, como é que a relativa ausência de medo pode ser suficiente para iniciar a estampagem? Em outras palavras, qual a motivação para as respostas iniciais de aproximação e acompanhamento?

Vimos, no Cap. 3, que as respostas iniciais de aproximação e acompanhamento poderiam ser consideradas como decorrentes de tendências primárias de comportamento e não de tendências derivadas. A opinião de que as respostas filiais iniciais são incondicionadas está em desacordo com a teoria muito aceita de que todas as tendências primárias apresentadas pelos organismos vivos ligam-se a necessidades biológicas de alimento, temperatura, etc. Segundo essa opinião, as necessidades fisiológicas, mais a aprendizagem, podem explicar todos os motivos. Por isso, como a aproximação e o acompanhamento não resultam de necessidades fisiológicas limitadas, precisam ser aprendidas. E o conceito de angústia precisava ser introduzido na estampagem como um primeiro passo para explicar como tais respostas filiais iniciais poderiam ser aprendidas.

Embora a aproximação e o acompanhamento iniciais não pareçam satisfazer quaisquer necessidades físicas "básicas", não existe prova de que sejam aprendidos. Por isso, é preciso concluir que tais tendências são primárias em sentido mais amplo, mas não têm uma base "biogênica". As respostas filiais iniciais poderiam ser identificadas à tendência para procurar substâncias doces. Ambas são biologicamente úteis, mas nenhuma delas leva invariavelmente à satisfação de quaisquer necessidades biogênicas. Assim como as substâncias doces freqüentemente, mas não sempre, têm algum valor alimentício, também a aproximação e o acompanhamento usualmente, mas não sempre, levam à segurança dada pelos pais aos filhotes.

Hoje existe um acúmulo de dados experimentais e de observação que indicam que as tendências exploratórias e de manipulação, embora não fisiologicamente recompensadoras, são primárias e não derivadas (cf. Harlow, 1953a, Barnett, 1958, Glanzer, 1958; ver também Cap. 9, Secção III). De forma semelhante, em alguns animais recém-nascidos parece haver um impulso intrínseco para aproximar-se de algumas fontes de estimulação, e acompanhá-las. E, na ausência de qualquer prova de que essa disposição seja adquirida, não há necessidade de não considerá-la como inata. Além disso, no

Cap. 9 veremos que a estampagem, distinta de respostas filiais iniciais, não pode ajustar-se facilmente ao esquema da teoria atual de aprendizagem. Talvez tenha chegado o momento para novas teorias referentes aos motivos básicos e à aprendizagem.

Aprendizagem Inicial
e Posterior

8 Geralmente, e talvez até exclusivamente, a estampagem ocorre em jovens. Na medida em que ocorre em jovens, a estampagem é uma forma de aprendizagem inicial, embora grande parte ou a maior parte da aprendizagem inicial não seja estampagem. Muitos teóricos tiveram a esperança de que um dia fosse possível demonstrar que toda aprendizagem é essencialmente de um só tipo, isto é, que em todas as condições depende de apenas um tipo de mecanismo. Alguns teóricos da aprendizagem, no entanto, passaram a pensar que deve haver mais de um tipo de aprendizagem. Todavia, talvez a opinião mais aceita admita que ainda "não há razões necessárias ou suficientes para decidir que haja mais de um tipo" de aprendizagem (Bugelski, 1956), embora, evidentemente, *diferentes tipos de comportamento* sejam aprendidos.

Esse problema teórico tem sido, até certo ponto, esquecido no plano da maioria dos livros de aprendizagem. Geralmente os manuais agrupam, sob títulos separados, os vários tipos de comportamento aprendido e dos processos de aprendizagem; assim, entre os tópicos tratados encontramos, por exemplo, condicionamento clássico, aprendizagem instrumental, transferência de aprendizagem, e assim por diante. Por isso, essas são as distinções usualmente feitas entre um e outro tipo de aprendizagem.

No entanto, a distinção entre aprendizagem na infância (e talvez na adolescência), isto é, aprendizagem inicial, e aprendizagem na vida adulta, isto é, aprendizagem posterior, em grande parte ultrapassa as classificações usuais. Hebb

(1949) deu muita atenção a algumas diferenças entre aprendizagem inicial e aprendizagem posterior. Mais recentemente, Thorpe (1961) e Vince (1961) consideraram outros aspectos contrastantes de aprendizagem inicial e aprendizagem posterior.

Aparentemente, a distinção entre aprendizagem inicial e aprendizagem posterior poderia ser considerada, sob um aspecto, como essencialmente temporal: na vida de todo indivíduo, a aprendizagem inicial dá lugar à aprendizagem posterior; e, como a aprendizagem inicial deixa atrás de si alguns traços, pode-se esperar que o processo de aprendizagem posterior seja de algum modo influenciado por tais traços. Mas, em segundo lugar, seria possível supor que, como algumas mudanças neurofisiológicas ocorrem no indivíduo à medida que amadurece e se torna mais velho, o mecanismo de aprendizagem poderia, com a idade, passar por algumas mudanças.

A primeira dessas proposições refere-se, em parte, a efeitos de transferência. Supõe-se a possibilidade de demonstrar que a aprendizagem inicial seja — como o diz Clarke[1] — de fundações. Certamente alguns estudos de estampagem indicaram que as ligações estabelecidas no início da vida do animal podem ser notavelmente duráveis e importantes para conformar o comportamento posterior do indivíduo. No entanto, é reduzido nosso conhecimento atual do impacto que esse tipo de instrução inicial pode ter. São necessários muitos e diversos estudos longitudinais de indivíduos que passaram por estampagem para que aumente nosso conhecimento dos efeitos duradouros da estampagem inicial.

A outra proposição refere-se a diferenças, na natureza do processo, entre aprendizagem inicial e aprendizagem posterior. Os fatos neurológicos referentes ao desenvolvimento do cérebro são muito sugestivos. Nos seres humanos, durante os dois primeiros anos de vida, os crescimentos das células corticais denominadas dendrites (conhecidas como espigas ou gomos) continuam a desenvolver-se, e conseqüentemente, as interconexões de células nervosas também continuam a desenvolver-se (Russell, 1959). Russell sugeriu que a aprendizagem humana poderia ser muito importante durante esses dois primeiros anos de vida, quando o cérebro está ainda em estado de desenvolvimento e é relativamente maleável. Poder-se-ia também sugerir que a aprendizagem durante os dois primeiros anos é pouco importante, uma vez que ocorre quando o cérebro não está ainda inteiramente desenvolvido e talvez

---

(1) Professor A. D. B. Clark. In: *Symposium on Early Learning* na conferência anual da Sociedade Britânica de Psicologia, Bristol, 1962.

não seja capaz de funcionamento adequado. De qualquer forma, considerando-se as diferenças anatômicas nos cérebros dos indivíduos muito jovens e dos não muito jovens, parece improvável que, quanto à maneira de aprender, os muito jovens não sejam diferentes dos não muito jovens.

Antes de considerar quaisquer diferenças possíveis no modo de aprender, podemos perguntar se alguns processos bem simples e muito estudados de aprendizagem podem ocorrer durante a aprendizagem inicial e a posterior. As provas a respeito são ambíguas. Os primeiros fracassos na tentativa de condicionar animais muito jovens foram atribuídos, recentemente, à falta de condições adequadas para aprendizagem nesses estudos iniciais, e não a qualquer ausência geral de suscetibilidade dos muito jovens para o condicionamento. Apesar disso, os bebês humanos parecem muito menos facilmente condicionados pelos métodos pavlovianos que crianças mais velhas; Kantrow (1937) resenhou os estudos iniciais, e estes indicaram que o condicionamento clássico era impossível ou difícil com os bebês mais jovens. De modo geral, a suscetibilidade ao condicionamento em crianças parece aumentar com a idade; ver resenha por Munn, 1954.

Scott e Marston (1950) e Scott (1958b) indicaram que cãezinhos recém-nascidos dificilmente poderiam ser condicionados. No entanto, Stanley, Cornwell, Poggiani e Trattner (1963) descreveram condicionamento instrumental, com reforço de alimento, em cãezinhos com apenas um dia de idade; também mencionam estudos anteriores sobre cães e que indicam que o condicionamento estável de aversão, impossível de obter no início da vida, poderia ser estabelecido com aproximadamente duas semanas de idade. Stone (1929a,b) pesquisou extensamente as capacidades de aprendizagem de ratos em diferentes idades; não encontrou padrão coerente e concluiu que tais diferenças de idade, encontradas na aprendizagem, eram devidas a diferenças de motivação. No entanto, Biel (1940), que estudou ratos de dezesseis a vinte e nove dias de idade, verificou que sua capacidade para aprender um labirinto T simples de água melhorava com a idade; ver também Munn, 1950.

Até agora, pouco se sabe sobre a possibilidade de condicionar os filhotes de animais freqüentemente usados em estudos de estampagem. James e Binks (1963) verificaram que, no dia em que saíam do ovo, os pintinhos domésticos não aprendiam a fugir ou a evitar choque elétrico. No dia seguinte os pintinhos aprendiam a fugir ao choque, mas não a evitá-lo. No entanto, no terceiro dia de vida alguns pintinhos podiam também ser condicionados a evitar choque; no quinto dia depois de terem saído do ovo, a maioria dos pintinhos do grupo experimental estava treinada para evitar choque.

Uma nova forma de compreender as diferenças de idade na aprendizagem se deve a Vince, que estudou extensivamente a aprendizagem instrumental em aves passeriformes. Numa pesquisa, tentilhões, verdilhões e canários, adolescentes e maduros, tinham a tarefa de puxar um anel para conseguir alimento aí suspenso (Vince, 1958). Quanto à capacidade para aprender, não foram conclusivas as comparações entre os pássaros mais jovens e mais velhos; no entanto, as comparações quanto a diferentes aspectos da eficiência de aprendizagem foram muito mais satisfatórias. Foram considerados dois aspectos do comportamento: 1) capacidade para aprender a responder adequadamente à situação; 2) capacidade para aprender a parar de responder desde que não houvesse reforço. Verificou-se que os pássaros mais jovens eram mais eficientes para aprender a responder às exigências da situação; os pássaros mais jovens eram também mais ativos e respondiam melhor, e, conseqüentemente, tinham tendência para chegar antes à solução correta do problema. De outro lado, a capacidade para não responder a estímulos inadequados se estabelecia mais adequadamente em pássaros adultos.

Em outra pesquisa, Vince (1959) aplicou o mesmo tipo de análise à aprendizagem de diferentes tarefas por canários e verdilhões. Neste estudo, os pássaros precisavam aprender a discriminar entre um prato que continha alimento, e estava coberto com uma tampa branca, e um prato vazio, coberto com uma tampa preta. Nesta tarefa, o domínio consistia em aprender a não responder à tampa errada; portanto, a tarefa exigia, principalmente, o exercício da capacidade para inibir a tendência a continuar a responder à amplitude total dos estímulos. Os resultados da pesquisa foram um pouco imprecisos; apesar disso, verificou-se que a aprendizagem em adultos era mais eficiente do que a aprendizagem em adolescentes.

As capacidades para aprender a responder e para aprender a não responder não dependem apenas da idade, mas também de experiências anteriores dos animais (ver Vince, 1961). No entanto, a maturação parece um fator muito importante. Na realidade, Vince (1960) mostrou que a capacidade de responder do chapim grande, indicado pelo tempo gasto em saltar em volta de um objeto pequeno e com colorido brilhante, bem como para bicá-lo, aumenta rapidamente até atingir um nível máximo por volta de treze semanas de idade, isto é, relativamente cedo na vida do pássaro. De outro lado, é relativamente tarde que a capacidade desse pássaro para não responder inutilmente atinge seu ponto máximo — por volta de trinta e cinco semanas de idade. Segundo Vince, a capacidade para aprender é um conceito muito grosseiro para a psicologia do desenvolvimento; diferentes aspectos da capacidade para aprender exigem pesquisas específicas.

Vince (1961) fez um levantamento dos estudos iniciais sobre o crescimento diferencial das capacidades para aprender, alguns dos quais realizados nas primeiras décadas deste século. Os estudos do rato, especificamente, sugerem que os jovens aprendem mais rapidamente, sempre que a atividade, como tal, seja um auxílio; a atividade está muito associada à capacidade para formar respostas novas. De outro lado, sempre que a capacidade para controlar e dirigir a atividade seja importante para a tarefa de aprendizagem, os animais mais velhos tendem a ser mais eficientes. De há muito se sabe (ver, por exemplo, Luria, 1932) que, no conjunto, as crianças respondem tanto à estimulação quanto os adultos, e talvez respondam mais do que estes; no entanto, têm maior dificuldade para inibir, controlar e dirigir suas respostas.

Um número cada vez maior de dados indica várias diferenças, algumas pequenas e outras consideráveis, entre a aprendizagem inicial e a aprendizagem posterior. Segundo Hebb (1949), a aprendizagem inicial com prêmio/castigo é, no conjunto, muito lenta. A conclusão dos estudos de Vince é que, lenta ou não, a aprendizagem inicial está associada com capacidade variada e intensa para responder. Esta condição do animal é também uma condição prévia para a estampagem; é que esta não pode ocorrer se a exposição à estimulação não tiver um impacto sobre o indivíduo.

A eficiência do impacto da estimulação, no que se refere à capacidade para responder, aparentemente depende da idade e da experiência sensorial anterior do indivíduo. A privação sensorial no início da vida pode: 1) deter o desenvolvimento perceptivo; 2) deter esse desenvolvimento e provocar processos superpostos de atrofia (Riesen, 1961). Para que a estampagem resulte de respostas iniciais, é preciso que se desenvolvam as capacidades de inibição, de forma que seja possível suprimir respostas positivas a novas configurações de estímulo. Também esta capacidade parece depender da idade e da experiência anterior do indivíduo. Se a capacidade para inibição amadurece, também depende de experiência suficiente para que seja possível a discriminação entre o conhecido e o estranho.

Aprendizagem por Reforço e Exposição

9 As noções de teoria da aprendizagem aceitas, de um lado, por psicólogos, e, de outro, por fisiologistas, são diversas, mais do que opostas. Os fisiologistas fazem teorias a respeito dos mecanismos nervosos existentes na aprendizagem, enquanto os psicólogos, *como* psicólogos, tendem a interessar-se pelos princípios unificadores da aprendizagem. Tais princípios unificadores podem, ou não, estar apresentados em termos fisiológicos; no entanto, alguns princípios tradicionais — por exemplo, o princípio de associação ou o de reforço — não são assim apresentados. Neste século, foram apresentadas algumas teorias psicológicas da aprendizagem, mas nenhuma teoria global foi geralmente aceita. De forma semelhante, atualmente há várias interpretações sobre a relação entre estampagem e aprendizagem em geral. Tais interpretações diferentes, nem sempre explicitadas, podem ser encontradas, por exemplo, em artigos de Hess (1959a, 1959c), Hinde (1961), James (1960c), Moltz (1960, 1963), Salzen (1962) e Sluckin (1962).

Aprendizagem é um termo muito amplo. Pode-se dizer que se refere a mudanças relativamente duradouras no comportamento, e que resultam de prática. A palavra "prática" é usada para excluir mudanças dependentes de maturação e envelhecimento; e, ao fazer referência ao caráter duradouro das mudanças no comportamento, excluímos as mudanças ligadas a fadiga, adaptação e assim por diante. Mesmo assim, a prática não leva invariavelmente à aprendizagem; algumas aprendizagens não se revelam imediatamente como uma mudança em comportamento manifesto. Condicionamento é um termo nitidamente mais limitado do que aprendizagem. Pode-se dizer que se refere apenas a alguns processos de instrução. Ora, a estampagem é certamente uma forma de aprendizagem. O problema é saber se a estampagem pode ser considerada como uma forma de condicionamento.

Há algum tempo, Fabricius (1951a) escreveu que "não é possível fazer uma separação muito nítida entre a estampagem e o condicionamento comum". Hinde (1955a) afirmou que "a estampagem não é, fundamentalmente, diversa de outras formas de aprendizagem". Klopfer (1961) escreveu que apenas o período crítico parece distinguir a estampagem de outras formas de aprendizagem, e sugeriu que "processos intermediários ligam a estampagem a tipos convencionais de aprendizagem", ver também Gottlieb (1963b). Moltz (1961a) concorda com Klopfer, ao dizer que o período crítico é a característica singular da estampagem; como já vimos antes, Moltz (1960) inicialmente tentou mostrar que a estampagem é uma forma de condicionamento clássico e instrumental. Lorenz (1955) pensou que "a estampagem típica se afunila em aprendizagem" e lançou a opinião de que "a estampagem é nitidamente um tipo de condicionamento".

I. ASSOCIAÇÃO E REFORÇO

O condicionamento exige a formação de associações entre estímulos e respostas. A idéia de que as associações de algum tipo estão subjacentes à aprendizagem é muito mais antiga do que estudos de condicionamento. Esta interpretação é tão divulgada, que parece aceitável, praticamente sem discussão. Um manual muito conhecido de psicologia geral diz que "Um fator comum a todas as situações em que ocorre a aprendizagem é a *associação*" (Morgan, 1961). De qualquer modo, Hess (1959a) negou que a "estampagem seja idêntica à aprendizagem de simples associação" e, mais tarde (Hess, 1962b), condenou as tentativas para "ajustar o fenômeno da estampagem no esquema da aprendizagem por associação". Não se sabe muito bem o que Hess entende por "aprendizagem de simples associação", mas, nas observações de Hess está implícita a idéia de que, em sua opinião, seria um erro considerar a estampagem como uma forma de condicionamento. Ora, é difícil sustentar que a associação, em qualquer sentido, esteja ausente da aprendizagem de qualquer tipo, entre os quais a estampagem. No entanto, é perfeitamente possível defender a tese de que o condicionamento tem uma característica de associação que não encontramos na estampagem.

No condicionamento, o emparelhamento de estímulos e respostas é seletivo; um, entre vários estímulos possível, se torna associado a determinada resposta, ou determinada resposta, de um repertório de respostas possíveis, se torna associada a determinado estímulo. Assim se estabelece uma ligação associativa entre determinados estímulos e determinadas respostas, embora inicialmente não tivessem qualquer associação.

Muitos teóricos da aprendizagem sustentam que, embora a associação por contigüidade seja uma condição necessária para a aprendizagem, não é uma condição suficiente para ela. Forma-se, pelo reforço, uma associação duradoura. O reforço, sob a forma de prêmio ou castigo, é facilmente identificável em qualquer forma de condicionamento. Sem reforço contínuo, uma associação condicionada está sujeita a extinção.

Geralmente, a estampagem começa com respostas incondicionadas e "internas" à fonte de estímulos de grande diversidade. Determinada configuração de estímulo continua a provocar respostas filiais, mas, depois de certo tempo, qualquer estímulo novo começa a ser ignorado e, depois, a ser temido. Ao contrário do que ocorre no condicionamento, não existe emparelhamento seletivo de estímulos e respostas. Na estampagem, o elo inicial entre os estímulos e as respostas continua a ser fortalecido e a tornar-se exclusivo. É um problema semântico saber se essa consolidação pode, ou não, ser denominada associação. Se a frase "aprendizagem por associação" se refere à aprendizagem em que as associações são formadas apenas por condicionamento, a estampagem seria uma forma de *aprendizagem não-associativa*.

No condicionamento, o estímulo reforçador é necessário para a formação do elo entre o estímulo condicionado e a resposta condicionada; no entanto, o estímulo reforçador está separado do par que se está tornando associado, ou é externo a ele. No condicionamento convencional, os agentes reforçadores primários são condições que atendem às necessidades fisiológicas básicas do organismo e restauram sua homeostase fisiológica. Na estampagem não existe reforço externo. O desenvolvimento de uma ligação com a figura estimuladora não depende de um prêmio fisiológico, — por exemplo, alimento, água, calor, etc. Desde o início, o estímulo liberador é atraente em si mesmo, e se torna cada vez mais atraente à medida que o organismo continua a ser exposto a ele. Neste sentido, esse estímulo poderia ser considerado como um prêmio. Portanto, embora não dependa de reforço externo, pode-se dizer que a estampagem é um processo auto-reforçador. Hinde, Thorpe e Vince (1956) falam da estampagem como aprendizagem auto-reforçadora. No entanto, na medida em que o termo "reforço" supõe ou sugere reforçamento externo, a estampagem pode igualmente, se não preferivelmente, ser descrita como uma forma de *aprendizagem não--reforçada*.

Talvez não seja muito importante saber que títulos devem ser ligados, ou não, à estampagem. O que importa é saber, precisamente *como* a estampagem pode ser comparada com outras formas de aprendizagem. Ora, desde o início, os estudos de laboratório mostraram que vários aspectos da estampagem, que originalmente pareciam singulares, na realidade não separam a estampagem de outros processos de aprendizagem. Assim, como já vimos, a estampagem não é instantânea e, quando muito rápida, ainda tende a crescer, tal como ocorre com outros tipos de aprendizagem. Não se verificou que a estampagem seja, em qualquer sentido, irreversível: a a estampagem se generaliza para certa amplitude de estímulos, e as ligações "estampadas", entre as quais as sexuais, não são exclusivas. Muitas vezes, o período sensível para a estampagem não é muito nitidamente definido; de qualquer modo, também existem períodos relativamente sensível para outras formas de aprendizagem, além da estampagem. Todos os resultados parecem sugerir que a estampagem não é uma forma especial de aprendizagem (por ex., Hinde, 1955a; Hinde, 1962). E, como já vimos, alguns pesquisadores pensaram na estampagem como condicionamento. No entanto, a estampagem evidentemente não é associativa e nem reforçada, pelo menos da mesma forma que o condicionamento, tanto clássico quanto instrumental.

De há muito que se reconhece ser discutível a conveniência de empregar apenas um termo — condicionamento — para indicar os dois tipos de seqüência de acontecimentos, isto é, o condicionamento clássico e o instrumental. No entanto, o condicionamento clássico e o instrumental têm muitos aspectos em comum. Tanto isso é verdade, que o condicionamento clássico e o instrumental são considerados como duas formas diferentes de um processo fundamentalmente igual (Hilgard e Marquis, 1961), embora alguns teóricos da aprendizagem (por ex., Mowrer, 1960) acentuem mais as diferenças do que as semelhanças entre eles. Consideremos, um pouco mais de perto, alguns aspectos dos dois tipos de condicionamento com relação à estampagem.

No condicionamento, há necessariamente dois padrões de estímulo: o estímulo incondicionado (EI) e o estímulo condicionado (EC). Em conseqüência da aprendizagem, o animal ou o ser humano finalmente agem, de certa forma, para responder ao EC. O EI é o reforçador: sua presença contínua aumenta a probabilidade de que o ato condicionado ocorra sempre que o EC seja apresentado. Portanto, durante a aprendizagem, o estímulo condicionado se torna o sinal que provoca determinada resposta. Na estampagem existe apenas um estímulo, o que provoca a resposta de aproximação//acompanhamento. Este estímulo atua como o sinal e como reforçador, pois não apenas provoca o comportamento de aproximação/acompanhamento, mas também aumenta a probabilidade de que o comportamento seja provocado, pelo estímulo, em ocasiões subseqüentes.

Como o condicionamento, a estampagem provoca mudanças no comportamento; e, tal como ocorre no condicionamento, tais mudanças se mostram em probabilidades modificadas de acontecimentos comportamentais — aumentos da rapidez de respostas, aumentos na sua magnitude, e assim por diante. No condicionamento, a eliminação do reforço provoca uma extinção gradual das respostas condicionadas. Na estampagem, a situação é bem diversa, em parte porque os estímulos condicionados e reforçadores não estão separados. Como já se notou em capítulos anteriores, a eliminação do estímulo na estampagem não inicia, necessariamente, uma extinção gradual da ligação resultante da estampagem.

Segundo Hess (1959a, 1959b), a primazia de experiências é de importância fundamental na estampagem, ao contrário do que ocorre na aprendizagem por associação; em outras palavras, diz-se que a estampagem inicial se conserva melhor do que a estampagem posterior, enquanto que na aprendizagem por associação a retenção depende mais da "recentidade" do que da primazia. Além disso, segundo Hess, não apenas a estampagem não exige reforço separado, mas na realidade melhora com o castigo. Segundo Hinde (1962b), não é fácil confirmar ou verificar a opinião de que, na estampagem, a primazia seja mais importante do que a recentidade. Um filhote que sofra estampagem com relação a uma figura, mais dificilmente sofrerá estampagem de outro. Existe pouca razão, para supor que, mesmo que seja possível igualar os graus de aprendizagem das duas figuras, a ligação com a primeira seja mais intensamente conservada do que a ligação com a segunda.

Além disso, como diz Hinde, Hess não dá provas para confirmar a afirmação de que o castigo melhore a estampagem. Mais recentemente, Kovach e Hess (1963) procuraram pesquisar isso em pintinhos. Instruíram os pintinhos, durante quinze minutos, num estrado circular; os do grupo experimental recebiam choques através de elétrodos colocados em suas asas, enquanto os do grupo de controle não recebiam choques. Os resultados foram ambíguos. O acompanhamento dos pintinhos foi examinado com dezoito, trinta e duas e quarenta e oito horas. Na idade menor, os choques ajudaram o acompanhamento, mas depois este era prejudicado pelos choques. Na realidade, o castigo é um fator inteiramente externo na estampagem, ao passo que é um fator integral de condicionamento de fuga ou afastamento.

Na medida em que se pode dizer que a figura estimuladora é um prêmio na estampagem, o prêmio, ao contrário do que ocorre com o castigo, é um fator integral da estampagem. Em condições diferentes, a eliminação da figura estimuladora tem diferentes efeitos. O efeito a curto prazo é fortalecer, e não enfraquecer, os sinais externos de ligação do animal com o estímulo. Já se disse que, segundo Sluckin e Taylor (1964), depois de um intervalo de tempo, os pintinhos que tinham sofrido estampagem de um objeto em movimento faziam discriminação significativamente melhor entre ele e um novo objeto em movimento do que imediatamente depois da instrução. Quando o teste de discriminação é aplicado depois de intervalo muito maior, a retenção é menor. Tal como ocorre no condicionamento, os fatores de motivação e o papel da transferência para a realização devem ser considerados na avaliação de quanto foi aprendido e conservado na estampagem. Imediatamente depois da instrução, uma nota de pouca retenção pode ser devida a estado de pouca motivação, ou saciedade do impulso; e a má realização no teste, quando as situações de instrução e teste diferem quanto ao movimento do objeto que provoca estampagem, pode ser devida à pouca transferência positiva, ou à má generalização de respostas a estímulos com atributos diferentes (Sluckin e Taylor, 1964).

No condicionamento, a resposta ao EC se generaliza, em graus diferentes, para outros estímulos. Essa ampliação de respostas a certa amplitude de estímulos segue o chamado gradiente de generalização a partir do EC. Sempre que as respostas a um estímulo são repetidamente reforçadas, enquanto as respostas a um estímulo um pouco semelhante não o são, gradualmente se desenvolvem respostas de discriminação entre os dois. Nos estádios iniciais do processo de estampagem, o animal amplia suas respostas a estímulos relativamente semelhantes à configuração original de estímulo. No entanto, à medida que o animal continua a ser exposto a determinada figura, gradualmente adquire a capacidade para discriminar entre essa figura e todas as figuras estranhas. Essa aprendizagem parece ser função, exclusivamente, do tempo de exposição a qualquer padrão de estímulo (Sluckin e Salzen, 1961). Portanto, quanto maior o período em que o animal tenha experiência de qualquer configuração de estímulo, mais nitidamente fará, depois, discriminação em favor da figura conhecida e contra todas as outras.

Ainda não se verificou até que ponto essa forma de diferenciar estímulos também ocorre no condicionamento. Sabe-se que a generalização tende a variar inversamente com a experiência que o animal tenha de determinado EC com o EI. Rheingold sugeriu que isso pode ocorrer em indivíduos maduros em conseqüência de certa forma de familiarização de pré-aprendizagem com o ambiente (Foss, 1961). Talvez seja possível que uma diminuição da generalização, depois de condicionamento continuado, seja devido a um elemento de aprendizagem semelhante à estampagem, ainda não identificado, e que esteja reunido ao processo de condicionamento.

II. INTERAÇÃO DE ESTAMPAGEM E CONDICIONAMENTO

James (1959) pesquisou uma forma de interação entre aprendizagem semelhante à estampagem e o condicionamento. Depois de verificar que os pintinhos domésticos muito pequenos tendiam a aproximar-se de uma fonte de luz intermitente, James procurou verificar se essa luz poderia ser usada como um estímulo reforçador, não-condicionado, em processos padronizados de condicionamento clássico. Usou, como sujeitos, pintinhos com dois dias de idade; o estímulo condicionado era uma bola de polietileno, de cor turquesa, e suspensa perto da luz intermitente. Cada pintinho era exposto à bola e à luz intermitente por cinco minutos de cada vez, num total de dez vezes. Tais sessões se dividiam por cinco dias, e no sexto dia o pintinho era examinado com a bola, mas sem a luz intermitente. James verificou que os pintinhos do grupo experimental se aproximavam da bola quando esta era apresentada sozinha, e a seguiam quando se movimentava no estrado. Os pintinhos do grupo de controle, que tinham tido experiência da bola sem a luz intermitente, foram examinados da mesma forma que os do grupo experimental; verificou-se que eram significativamente menos atraídos pela bola do que os do grupo experimental. Assim, James mostrou que o condicionamento poderia ser superposto, por assim dizer, à estampagem, ou, pelo menos, às respostas filiais.

James (1960a) e Abercrombie e James (1961) realizaram outros experimentos com uma fonte de luz intermitente como EI e "chamarizes" estacionários como EC. No último dos estudos, os pintinhos eram inicialmente expostos a uma luz intermitente com um objeto estacionário. A partir do terceiro dia, os pintinhos eram repetidamente instruídos apenas com o objeto estacionário. Na linguagem dos estudos de condicionamento, essa era uma tentativa para verificar a extinção experimental. No entanto, essas tentativas não provocaram qualquer redução nas respostas ao EC. Portanto, tudo se passa como se os objetos estacionários pudessem tornar-se atraentes em si mesmos. O condicionamento talvez apenas ajudasse a aumentar a rapidez do estabelecimento da "fixação da aproximação".

No entanto, Abercrombie e James (1961) chamaram a atenção para a verificação de que, "em mamíferos adultos, a aprendizagem é muito resistente à mudança se, durante as tentativas de extinção, não há respostas competitivas". No experimento real, os pintinhos tinham pouca oportunidade para adquirir, durante a instrução, quaisquer respostas que não fossem as de fixação de aproximação. Os pesquisadores não consideraram a persistência da resposta condicionada como devida à natureza específica do EI, o pisca-pisca. Ao contrário, dizem que uma resposta condicionada de aproximação, baseada em reforço de alimento, era também resistente à extinção quando não havia respostas competitivas durante as sessões de extinção.

Como James, Klopfer (1959b) notou o condicionamento clássico associado à estampagem. Verificou que as tadornas de seu grupo experimental aprendiam a responder positivamente a alguns sons que antes tinham sido ligados a um modelo visual que provoca estampagem nessas aves. Assim, Klopfer usou a vista de um objeto em movimento como o EI; este servia como o agente reforçador, permitindo o estabelecimento de uma resposta condicionada a determinados sinais de som. No entanto, é possível que, em condições adequadas, os sinais de sons, mesmo isolados, tivessem sido suficientes para provocar a fixação da aproximação.

Campbell e Pickleman (1961) tentaram usar as respostas de acompanhamento de pintinhos como um prêmio em condicionamento instrumental. Inicialmente, alguns pintinhos domésticos passaram, individualmente, pelo processo de estampagem a um cubo de papelão. Depois, estabeleceu-se uma situação de condicionamento em labirinto em T, cujo objetivo era provocar a estampagem do estrado, mas com o objeto fora do campo da visão. Os pintinhos tiveram dez "lições", distribuídas em dez dias. Aprenderam a dar a volta certa, de maneira tipicamente instrumental; vale dizer, as curvas de aprendizagem dos pintinhos mostraram aumentos graduais na proporção de respostas corretas e na velocidade com que iam para o objeto. Os pintinhos do grupo de controle tinham, individualmente, o mesmo tempo para ficar no estrado vazio, sob outros aspectos semelhante ao usado com o grupo experimental. O estrado vazio foi depois usado como o objetivo nas tentativas de condicionamento no labirinto em T. No entanto, neste caso, os pintinhos não aprenderam o labirinto. Está claro que a situação de estampagem pode ser usada como o EI quando os sujeitos que sofrem estampagem estão instrumentalmente condicionados. Um aspecto interessante do estudo de Campbell e Pickleman foi a verificação de que a aprendizagem do labirinto não dependia de uma série constante de atos consumatórios de acompanhamento. O comportamento adquirido — dar as voltas certas — continuou a ser cada vez mais eficientemente realizado, à medida que continuava a instrução; o tempo real gasto no acompanhamento objeto na região-alvo diminuía com a instrução. Não existe razão para supor que a ligação com o objeto diminuísse com a aprendizagem instrumental. Diminuíam apenas as manifestações da ligação, talvez em conseqüência da "saciedade do impulso" (cf. Sluckin e Taylor, 1964).

Um campo promissor de pesquisa é o da interação de condicionamento e estampagem, dentro da situação de condicionamento. Por exemplo, é possível que o condicionamento instrumental com prêmio seja, em alguns casos, influenciado pela estampagem que ocorre ao mesmo tempo. Assim, quando um filhote de animal aprende a associar determinado padrão de estímulo a um prêmio, passa cada vez mais tempo com esse padrão de estímulo. Por isso, além de ficar condicionado, pode também sofrer estampagem.

Esta estampagem poderia ser um fator para acelerar e fortalecer a formação dos laços entre estímulo e resposta. Pesquisas futuras podem mostrar em que condições isso poderia ocorrer.

III. APRENDIZAGEM POR EXPOSIÇÃO

Uma ligação "estampada" a uma figura só pode ser formada quando o organismo tenha adquirido a capacidade para reconhecer a figura, isto é, para diferenciar entre ela e tudo o mais. Essa capacidade é uma condição necessária para a estampagem, mas não uma condição suficiente. A aprendizagem das características do ambiente não precisa, evidentemente, trazer consigo a formação de quaisquer ligações; a familiaridade do sujeito com o ambiente pode manifestar-se sob outras formas.

Sluckin e Salzen (1961) apresentaram a opinião de que a discriminação entre o conhecido e o estranho, decorrente da estampagem, é adquirida, não pelo condicionamento, mas pela aprendizagem perceptiva; Sluckin (1962) depois tentou desenvolver essa sugestão. Deve-se notar que a frase "aprendizagem perceptiva" é um pouco ambígua; tem sido usada, na literatura especializada, de diferentes maneiras. Gibson e Gibson (1955) indicaram que a aprendizagem perceptiva poderia referir-se, principalmente, a 1) a influência da aprendizagem, ou principalmente a 2) os efeitos da percepção na aprendizagem. Gibson e Gibson estavam interessados no papel da aprendizagem na percepção; esta secção do capítulo se refere, ao contrário, à percepção como base de aprendizagem; vale dizer, estamos interessados na aprendizagem provocada pela percepção, ou que decorre de exposição à estimulação.

Já se mostrou que esse tipo de aprendizagem auxilia ratos e outros animais na solução de labirintos e em tarefas semelhantes; cf. aprendizagem incidental ou latente. Já se verificou que experiências desse tipo auxiliam os animais a resolver problemas de discriminação; ver, por exemplo, Siegel (1953), ou Gibson e Walk (1956), Gibson et al. (1958) e Walk et al. (1959). Já se mostrou também que a falta dessa aprendizagem prejudica os animais que depois precisam enfrentar exigências de vários tipos do ambiente; cf. Bingham e Griffiths (1952), Hymovitch (1952), Forgays e Forgays (1952), Thompson e Heron (1954a, b), Forgus (1954, 1955), Forgays e Read (1962); tais estudos mostraram, repetidamente, que o fator prejudicial era a falta de experiência perceptiva e não qualquer restrição de atividade motora.

A capacidade para apreender e discriminar está adormecida até que a exposição à estimulação permita o seu desenvolvimento. Na medida em que a estimulação sensorial tem qualquer impacto, inclui aprendizagem perceptiva, por exposição. *Aprendizagem por exposição* é uma frase reveladora, há algum tempo usada por Drever[1]. Refere-se, sem ambigüidade, ao registro perceptivo, pelo organismo, do ambiente a que é exposto; portanto, refere-se à familiarização do organismo com seu ambiente.

Como já vimos no Cap. 5, os dados negam a opinião de que a estampagem dependa do ato de acompanhamento, ou do esforço feito para isso. Ao contrário, parece que a exposição à estimulação, ou aprendizagem por exposição, é subjacente à estampagem. Baer e Gray (1960), depois de verificar que a estampagem a um objeto é possível na ausência de qualquer acompanhamento anterior ou contato corporal com tal objeto, concluíram que *"estampagem* não é aprender a acompanhar, mas *uma aprendizagem das características* do objeto paternal". Talvez fosse mais correto dizer que a estampagem depende da aprendizagem de tais características, isto é, a aprendizagem por exposição é uma condição prévia para a formação de uma ligação através da estampagem.

Aparentemente, a aprendizagem por exposição é, em certo sentido, não-motivada, ou, pelo menos, não-motivada por castigos e prêmios fisiológicos. É um problema semântico saber se a expressão "não-motivada" é adequada neste caso. Pode-se sustentar, igualmente, que um organismo vivo tem "necessidade" de usar seus órgãos dos sentidos, ou que tem um "impulso" para procurar estimulação. Vale dizer, um organismo vivo é motivado para viver, para continuar a ser exposto a estimulação e, portanto, para aprender. Nissen (1954) afirmou que:

A necessidade de funcionamento dos organismos é um estado corporal que se exprime em comportamento de impulso. A capacidade é sua própria motivação. Uma função ou capacidade dos órgãos e do cérebro é perceber e conhecer, e esse é um dos mais importantes impulsos de todos os organismos.

Muitas pesquisas realizadas a partir de 1950 indicaram que a busca de estimulação sensorial deve ser vista como

---

(1) Agradeço ao Professor James Drever haver sugerido que a expressão "aprendizagem por exposição" poderia ser adequada a este contexto.

um objetivo do comportamento. Esta conclusão decorre de vários estudos de condicionamento em animais em que o prêmio consistia apenas de estimulação sensorial — por exemplo, algo novo para ver ou tocar. Butler (1953) verificou que os macacos "aprendiam um problema de discriminação a partir de incentivo de exploração visual". Mostrou que muitas coisas diferentes poderiam ser atraentes para macacos (Butler, 1954). Esse autor concluiu que um motivo de exploração visual era intenso e persistente, e não derivado de outros estados de impulsos.

Harlow, Harlow e Meyer (1950) verificaram que quatro macacos resos do grupo experimental tinham eficiência significativamente maior para resolver um quebra-cabeças mecânico, depois de alguma experiência com sua manipulação, do que quatro macacos do grupo de controle que não tinham essa experiência. Harlow (1950) mostrou que, com a passagem do tempo, dois macacos resolviam melhor um problema — abrir um quebra-cabeças mecânico mais complicado — embora não tivessem qualquer incentivo externo. Admitiu-se a existência de um impulso de manipulação, embora não fosse possível eliminar inteiramente a contribuição de impulsos homeostáticos para o desenvolvimento do comportamento de manipulação. Harlow e McClearn (1954) mais tarde verificaram que três macacos resos apresentavam "melhoria progressiva, a partir de motivos de manipulação, em sete problemas de discriminação"; ver discussão, por Harlow (1953a, b), dos motivos e impulsos primários. Montgomery (1951, 1954) e outros demonstraram que os ratos procuram estimulação nova, e que esta pode atuar como agente reforçador em condicionamento; cf. Walk (1960). Miles (1958) verificou que também em gatinhos "as atividades de manipulação e exploração são em si mesmas recompensadoras".

Aparentemente, a inferência de que a estimulação sensorial é uma necessidade primária também decorre de estudos de privação sensorial em seres humanos. Bexton, Heron e Scott (1954) admitiram que "a manutenção de comportamento normal, inteligente e adaptativo, exige uma recepção sensorial variada e contínua". Alguns dados que confirmam essa opinião podem ser obtidos no estudo de Hebb, Heath e Stuart (1954), onde se verificou que "uma súbita redução de recepção auditiva normal" perturbava o comportamento que, como tal, "não exige acuidade visual para sua orientação". Heron, Doane e Scott (1956) descreveram perturbações visuais depois de isolamento perceptivo prolongado.

Aparentemente, a eficiência para enfrentar o ambiente é mantida ou aperfeiçoada em conseqüência de recepção sensorial anterior e de aprendizagem por exposição. Vimos que, nos animais jovens, a variabilidade de comportamento permite aprendizagem instrumental satisfatória (Vince, 1961). É possível que essa variabilidade, ou comportamento de exploração, esteja associada a muita aprendizagem por exposição. É possível que esta seja muito importante para os animais jovens. O desenvolvimento normal talvez inclua muita aprendizagem inicial por exposição, embora depois a aprendizagem associativa passe para o primeiro plano. Aparentemente, a aprendizagem por exposição atinge seu ponto máximo quando é menor o "conteúdo da mente", no momento em que o organismo é muito jovem, ou sob outros aspectos muito receptivo. A concepção da aprendizagem por exposição sob alguns aspectos está de acordo com a noção de aprendizagem passiva, derivada da filosofia empirista britânica. Isso porque a aprendizagem por exposição parece depender apenas do impacto da estimulação sensorial no organismo impressionável.

IV. COMPORTAMENTO SEMELHANTE
À ESTAMPAGEM, EM HOMENS E ANIMAIS

Os estímulos de uma classe que provocam medo são os estímulos desconhecidos e estranhos. No entanto, a exposição contínua a tais estímulos tende a eliminar o medo. Hebb (1946) sugeriu que, "com maior exposição, o objeto antes estranho pode tornar-se, não apenas tolerado, mas 'apreciado' e 'agradável' ". Isso se assemelha ao início da estampagem. Essa aprendizagem ocorre mais facilmente nos jovens ou inexperientes. Apesar disso, em certas condições, a aprendizagem semelhante à estampagem também ocorre em indivíduos maduros e adultos.

Talvez a mais comprovada de tais ocorrências se refira a cabras e ovelhas que, logo após o parto, se tornam ligadas a seus filhotes. O fenômeno, de há muito conhecido, foi sistematicamente pesquisado por Hersher, Richmond e Moore (1963). Estes pesquisadores colocaram ovelhas e cabras em arreios, no período de duas a doze horas depois do parto, de forma a colocar cada uma delas bem perto de um filhote estranho, de sua espécie ou de outra. Dessa forma, em aproximadamente dez dias, os animais adotaram filhotes que não eram seus. Dois ou três meses depois, todas essas adoções ainda estavam bem estabelecidas. Portanto, através de exposição forçada, qualquer cabra ou ovelha, em estado de excitação pós-natal, pode ligar-se a qualquer cabrito ou carneiro recém-nascidos.

Scott (1962) pergunta se qualquer animal ou pessoa, de qualquer idade, "expostos a alguns indivíduos ou ambientes físicos, por certo período de tempo, não ficarão inevitavelmente ligados a eles". Scott diz que isso poderia explicar a intensa afeição de algumas crianças desprezadas por seus pais cruéis, ou os laços afetivos peculiares que às vezes se desenvolvem entre prisioneiros e carcereiros. Atualmente, isso é apenas uma conjetura interessante; especulações desse tipo são resenhadas e discutidas no Cap. 10.

Também especulativo, embora nem tanto, é nosso conhecimento do reconhecimento dos filhotes de pássaros por seus pais. Alley e Boyd (1950) verificaram que carquejas-pais, com filhotes com menos de duas semanas de idade, toleravam e até aceitavam filhotes de carquejas, com aparência semelhante à dos seus. No entanto, as carquejas com filhotes maiores tratavam outros filhotes, mesmo quando semelhantes aos seus, como estranhos e invasores do território. Os pesquisadores concluíram que as carquejas gradualmente aprendem a reconhecer seus filhotes. À medida que aprendem a reconhecê-los, tornam-se ligados a eles. Ou seria possível dizer que as carquejas sofrem estampagem de seus filhotes?

Aqui, podemos mencionar a suposta aprendizagem das características dos filhotes pelos peixes *cichlid,* citada como prova da ocorrência de estampagem em peixes. Aparentemente, essa afirmação foi feita inicialmente por Baerends e Baerends-van Roon (1950); estes autores afirmaram que os indivíduos adultos sofrem estampagem dos jovens (e foram levados a essa conclusão por um estudo anterior de comportamento em peixe *cichlid,* realizado por Noble e Curtis). Depois, Tinbergen (1951) e Thorpe (1956) repetiram essa sugestão. Mais recentemente, Greenberg (1963a) realizou experimentos e chegou à conclusão de que o comportamento de cuidados do peixe *cichlid* com relação aos filhotes seria governado "por um mecanismo interno que regula a duração de fases dos cuidados paternais", e que esses peixes "não sofriam estampagem das características de espécie através dos primeiros filhotes ou dos filhotes subseqüentes". Greenberg (1963b) afirmou ainda que "a suposta capacidade dos pais *cichlid* para distinguir seus filhotes dos de outras espécies pode depender da disparidade entre o seu ciclo paternal e o estádio de desenvolvimento dos filhotes estranhos".

Como vimos no Cap. 5, as ligações resultantes de estampagem podem desenvolver-se, não apenas com relação a objetos vivos ou aparentemente vivos, mas também com relação a ambiente estacionário. Aparentemente, antes de qualquer dado conclusivo sobre essa estampagem em pássaros, Thorpe (1944, 1956) apresentou a hipótese de "estampagem de localidade" em insetos. Várias observações, feitas por entomologistas, do comportamento de abelhas e vespas solitárias, pareciam indicar que ligações semelhantes à estampagem poderiam ser formadas, com relação a localidades percebidas em primeiro lugar, por organismos que acabavam de surgir. Thorpe também considerou o comportamento da abelha de mel "como prova de aprendizagem latente e estampagem" em insetos.

A restrição de qualquer espécie de insetos a determinada localidade pode ser devida a vários fatores ecológicos. Também pode haver condicionamento a algumas plantas encontradas em determinado tipo de ambiente, e não a uma "localidade exata". Apesar disso, Thorpe acreditava que a "estampagem de localidade" poderia ocorrer em alguns casos de "restrição de localidade". No entanto, Thorpe não classificou, como estampagem, a aprendizagem de orientação pelos insetos. Este tipo de aprendizagem é exemplificado pela aprendizagem de localidade que se encontra na vespa *Philanthus,* inicialmente pesquisada na década de 1930-1940 por Tinbergen; ver Tinbergen (1958), Thorpe (1956, 1963).

Não existe dúvida de que cada uma dessas vespas aprende as minúcias do ambiente de seu ninho de empréstimo, ao "inspecionar" a *Gestalt* da localidade. Ao emergir de seu ninho, cada vespa o circunda em voltas cada vez maiores; depois, a vespa volta a voar baixo, antes de finalmente sair para seu campo de caça. Cada vespa volta finalmente a seu ninho, e às vezes faz isso mais de uma vez por dia; faz um novo "levantamento" da localidade antes de voar novamente. Tinbergen pôde verificar que os "estudos de localidade" feitos por cada vespa eram necessários para que pudesse encontrar seu caminho de volta para o ninho; verificou-se também que cada vespa dependia, para encontrar o caminho de volta, do fato de a topografia em torno do ninho continuar essencialmente a mesma. Assim, quando um círculo de cones de pinheiro, originalmente colocados em torno de um ninho de vespa, foi, na ausência desta, colocado a certa distância, ao voltar, a vespa procurava o ninho em torno do círculo de cones, e não no local original. Esta aprendizagem é aprendizagem cognitiva de algum tipo[2]. De forma semelhante, é provável que o conhecimento que o pombo-correio tem de sua moradia seja adquirido por inspeções topográficas do local. No entanto, Thorpe considera que tais inspeções estão associadas a aprendizagem de prêmio. O pombo, ao usar o mecanismo de orientação de que dispõe, aparentemente procura o prêmio do "conforto do lar" e do alimento. Atualmente continuam incertos os papéis dos elementos de estampagem e condicionamento na aquisição de orientação topográfica.

Algumas formas de aprendizagem, claramente semelhantes à estampagem, não têm sido assim interpretadas. Scott, Fredericson e Fuller (1951) pensaram que os efeitos duradouros das experiências iniciais em cãezinhos poderiam ser devidos a aprendizagem muito rápida de associação e experiências traumáticas. As recompensas de alimento, que, segundo se sabe, modelam o comportamento de mamíferos adultos, seriam subjacentes à formação de ligações sociais nos filhotes. Os resultados experimentais logo perturbaram essa interpretação. Scott (1958b) verificou que a alimentação ajudava a socialização, sobretudo em cãezinhos maiores. No entanto, teve certa surpresa ao verificar que a "diferença entre animais famintos e não-famintos não era tão grande quanto se esperava". Nessa época, Scott pensava que a socialização só poderia começar nos cãezinhos aos três meses de idade porque — segundo acreditava — antes disso os cãezinhos não seriam suscetíveis a condicionamento. Os filhotes de animais podem ficar mansos, tanto nos primeiros estádios de desenvolvimento quanto em estádios um pouco posteriores. Segundo Hess (1962b), esse fato poderia explicar parte da confusão entre estampagem e aprendizagem por associação.

Num estudo inicial, Brodbeck (1954), ao fazer trabalho experimental com cãezinhos bigles e *cocker spaniel,* alimentou alguns na mão e outros através de máquina; no entanto, todos tinham contato com seres humanos. Brodbeck verificou que a socialização dos cãezinhos não dependia do fato de serem alimentados pelo experimentador. Depois, outros pesquisadores puderam confirmar que o amansamento não depende fundamentalmente de condicionamento a prêmios, mas

---

(2) Agradeço ao Professor S. G. M. Lee por me haver chamado a atenção para tais estudos.

de contato com pessoas ou exposição a elas (Scott, 1962). Considerando-se essas verificações, bem como outras referentes à socialização de pássaros precoces através de estampagem, além da socialização de macacos durante o desenvolvimento de suas respostas afetivas, Scott (1962) concluiu que as tendências sociais não devem ser consideradas como impulsos secundários adquiridos pelo condicionamento; nesse caso, supõe-se que as tendências sociais sejam adquiridas, pelo menos em parte, através de aprendizagem semelhante à estampagem.

Como se indicou no Cap. 2, a formação de ligações de macacos-bebês com suas mães, ou mães substitutas — tão amplamente pesquisada e tão vivamente descrita por Harlow e seus colaboradores — parece ser, essencialmente, um processo semelhante à estampagem[3]. Este processo parece depender de aprendizagem inicial por exposição, reunida a um desenvolvimento de ligações com as configurações conhecidas de estímulo. Harlow (1961) mostra que, bem no início da vida, os macacos resos se aproximam de todos os objetos ao seu alcance, e passam a explorá-los; no entanto, entre vinte e quarenta dias de idade, as figuras estimuladoras estranhas começam a provocar respostas de medo. O contato delicado de corpo é o tipo de estimulação do ambiente intrinsecamente atraente para o macaco-bebê, assim como o pisca-pisca é atraente para um pintinho ou um patinho. Portanto, os objetos com o tipo "certo" de textura despertam respostas de aproximação-e-parada, e não respostas de exploração, de aproximação-e-fuga. A partir de então, desenvolve-se uma ligação através de familiaridade, que com o tempo se torna cada vez mais exclusiva. O medo de qualquer coisa estranha "impulsiona" o macaco-bebê para o objeto conhecido a que está ligado. O comportamento do macaco amedrontado e ligado à mãe de pano — tal como foi descrito por Harlow (1961) — é extraordinariamente semelhante ao do pintinho amedrontado que tenha sofrido estampagem de caixa em movimento, e descrito por Sluckin e Salzen (1961).

(3) Mais recentemente, Taylor e Sluckin (1964b) descreveram um processo de comportamento um pouco semelhante em pintinhos domésticos. Inicialmente, criaram pintinhos em "gaiolas individuais com um "grupo" de pintinhos de borracha colocado numa das paredes. Todos os grupos eram parecidos, e estavam cobertos com camada lisa de plástico. No entanto, a metade dos grupos era também interiormente alisada com esse material, enquanto a outra metade tinha um interior grosseiro e macio. Depois de 36 horas, uma "parede" de papelão era abaixada diante do objeto e depois erguida. As respostas dos pintinhos a esse teste mostravam o grau de ligação de cada ave ao objeto com que tinha sido criada. Verificou-se que os pintinhos estavam mais ligados aos objetos não-alisados do que aos alisados. Em teste posterior, foram verificadas as respostas dos pintinhos a uma bandeira colorida colocada na gaiola. Verificou-se que os objetos não-alisados tendiam a ser mais freqüentemente usados como abrigo e base a partir da qual podiam explorar a bandeira."

Se os macacos-bebês aprendem por exposição à estimulação, e sofrem "estampagem", por que é que isso não pode ocorrer com bebês humanos? Se as ligações humanas resultam, de alguma forma, de estampagem, evidentemente não se desenvolvem a partir de respostas de aproximação e acompanhamento, vistas em pássaros não-altriciais e mamíferos. No entanto, as ligações humanas poderiam ser inicialmente baseadas em algumas "respostas instintivas componentes" — por exemplo, agarrar-se e chupar (Bowlby, 1958). E o sorriso poderia ser outra resposta componente importante (Bowlby, 1957, 1958). Salzen (1963b) verificou que, inicialmente, a resposta de sorriso parece ser provocada apenas por "contraste ou mudança no brilho", e não por uma representação, embora grosseira, da face humana, suposta em descrição anterior de Spitz e Wolfe (1946). Se pesquisas posteriores provarem que a resposta de sorriso pode ser provocada por estímulos semelhantes aos que provocam aproximação e acompanhamento em pássaros nidífugos, isso comprovaria a sugestão anterior de Gray (1958), segundo a qual as respostas de sorriso e acompanhamento são homólogas. Ainda não se sabe com certeza se, na realidade, qualquer aprendizagem semelhante à estampagem se desenvolve a partir da resposta de sorriso.

Os Efeitos Duradouros da Experiência Inicial

10 Nosso conhecimento dos efeitos a longo prazo da estampagem inicial durante a vida é apenas fragmentário. A insuficiência de resultados seguros deve ter ficado evidente em nosso levantamento de estudos adequados, apresentado no Cap. 4. Os efeitos duradouros da estampagem poderiam ser tratados como parte de problema mais amplo, o dos efeitos de aprendizagem inicial por exposição. No entanto, é extremamente difícil separar esse tipo de aprendizagem da aprendizagem inicial em geral. E, na realidade, o estudo da amplitude total dos efeitos da aprendizagem inicial é um assunto muito amplo, certamente fora dos objetivos deste capítulo. No entanto, podemos especular quanto a algumas ramificações da estampagem. Começaremos por chamar a atenção para alguns limites no campo de estudo dos efeitos duradouros da experiência inicial. Dessa forma, podemos ser capazes de considerar, numa perspectiva mais ampla, quaisquer efeitos a longo prazo da estampagem.

Inicialmente, é possível fazer uma distinção entre 1) os efeitos duradouros da aprendizagem inicial na forma de instrução, e 2) os efeitos de outros tipos de experiência inicial. Evidentemente, é possível dizer que, no sentido mais amplo, qualquer aspecto de comportamento, resultante de qualquer experiência, foi aprendido. No entanto, considerando os experimentos de laboratório, podemos distinguir, claramente, entre aprendizagem que pode ser atribuída a instrução formal, e aprendizagem que não é instrução no sentido usual. Também fora do laboratório algumas formas de aprendizagem — por exemplo, a aquisição de habilidades e hábitos — cai na primeira categoria; neste caso, a execução posterior é, fundamentalmente, uma versão aperfeiçoada da execução anterior. No entanto, outras formas de aprendizgaem resultam do impacto de certas experiências no sujeito, de forma que seu modo de comportar-se passa por mudança, mas não há aquisição de habilidades ou hábitos específicos.

Os cãezinhos são treinados para não sujar a casa, para pedir alimento, etc.; camundongos e ratos de laboratório são ensinados a percorrer labirintos e a apertar alavancas; os pássaros de jardins aprendem onde podem encontrar migalhas ou cascas de presunto perto da casa; em todos esses casos o animal executa depois o que aprendeu antes; instruído para realizar um ato, o animal — mesmo depois de longo intervalo — fará isso diante de um sinal. No entanto, o valor de grande parte da instrução inicial é que pode ser, até certo ponto, transferível para novas situações. Como o indicou Hebb (1949) (*Organization of Behaviour*, Cap. 6), a aprendizagem posterior pode ser "semitransferida" de aprendizagem anterior. E, como Harlow (1949) e outros depois dele mostraram, os animais são capazes de aprender como aprender. Aparentemente, esses efeitos menos diretos e menos evidentes da aprendizagem inicial podem ser, pelo menos, tão importantes quanto os resultados diretos de instrução.

Os efeitos indiretos da aprendizagem inicial referem-se à execução posterior que, embora diferente da execução inicial, é influenciada por esta. Muitas vezes, a ausência de qualquer instrução não apenas impede a aquisição de habilidades e hábitos, como também influi de maneira negativa no desenvolvimento posterior de habilidades gerais de adaptação e aprendizagem. Isso foi indicado por Hebb (1949), Forgays e Forgays (1952), Thompson e Heron (1954a, b), Forgus (1954, 1955), Thompson e Melzack (1956) e outros. A prolongada restrição de percepção na infância é um tipo de experiência inicial que influi em desenvolvimento de personalidade e comportamento posterior. Vários fatores ambientais têm sido controlados, na esperança de descobrir seus efeitos a longo prazo. Tais fatores podem ser assim classificados: 1) os ligados a experiências constantes e duradouras; 2) experiências curtas e relativamente intensas (cf. Denenberg, 1962; Levine, 1962a, b).

Como exemplos do primeiro tipo é possível citar exposição prolongada a temperatura muito alta e muito baixa, iluminação brilhante ou reduzida, companhia de outros animais e pessoas, e assim por diante. Como exemplos do segundo caso é possível mencionar ruídos altos de curta duração, choques elétricos, etc. Para Beach e Jaynes (1954), nosso conhecimento dos efeitos duradouros de experiências iniciais parece ambíguo e incerto; depois de vários anos, parece que isso ainda é verdade. King (1958) apresentou um levantamento classificado dos estudos significativos de comportamento de animais. Notou como tais estudos têm sido influenciados, principalmente, de um lado pelo método psicanalítico e, de outro, pela construção da teoria de Hebb.

Têm havido pesquisas muito interessantes sobre os efeitos de desmama de ratinhos e cãezinhos em vários estádios de seu desenvolvimento, os efeitos do tamanho da ninhada nos ratos, os efeitos da idade de separação entre as mães e os filhotes de ratos e gatinhos; entre os aspectos considerados de comportamento posterior, podem ser mencionados: capacidade para aprender, adaptabilidade, emotividade e assim por diante. No entanto, tem sido relativamente mais fácil avaliar os efeitos de estimulação de curta duração — por exemplo, pegar o animal com as mãos e depois deixar de fazê-lo, dar choques e depois interrompê-los. Se os primeiros pesquisadores mostraram que o ambiente não-estimulador influi negativamente na capacidade posterior para aprender, Levine, Chevalier e Korchin (1956) e Levine (1956) mostraram que, no caso de ratos, o ambiente com estimulação extraordinária (mesmo que isso fosse apenas experiência momentânea de serem apanhados com as mãos durante todos os dias na infância) poderia facilitar a capacidade posterior do animal para ser instrumentalmente condicionado. Verificou-se que os ratos que tinham sido apanhados com as mãos, e tinham recebido choques, depois não eram tão bons nessa aprendizagem quanto os ratos que apenas tinham sido apanhados com as mãos. No entanto, Denenberg (1959) mostrou que os choques em filhotes de camundongos auxiliaram condicionamento clássico posterior. Denenberg e Bell (1960) mostraram que camundongos com alguma experiência de choques elétricos durante a infância eram, em certas condições, mais capazes de apresentar aprendizagem de afastamento na vida adulta. Denenberg e Karas (1960) confirmaram os efeitos vantajosos, sobre aprendizagem posterior, do fato de os ratos serem inicialmente apanhados com as mãos. Ainda não se sabe por que tais experiências iniciais devem levar à melhoria geral na adaptabilidade. Um elemento de aprendizagem cognitiva por exposição poderia ser em parte responsável por isso.

Muitos autores notáveis já falaram a respeito dos efeitos de experiências iniciais de seres humanos em seu desenvolvimento posterior de personalidade. O controle em estudos de crianças é muito mais difícil do que no caso de animais. Por isso, não é surpreendente que o número total de resultados precisos seja relativamente pequeno. Talvez os estudos mais interessantes sejam os referentes aos efeitos de privação psicológica na primeira infância. Tais estudos foram resumidos e criticados nas resenhas de Casler (1961) e Yarrow (1961). Mais adiante, neste capítulo, consideraremos alguns dos estudos nesse campo que, aparentemente, esclarecem os efeitos duradouros de aprendizagem por exposição e talvez de estampagem.

No início deste capítulo, ao fazer a distinção entre os efeitos duradouros da instrução e os das experiências que não podem ser assim descritas, nada dissemos sobre os efeitos da estampagem. Do ponto de vista do caráter de seus efeitos, pode-se dizer que a estampagem inicial está entre instrução, no sentido mais limitado, e os tipos mais "abertos" de experiência. Um efeito da estampagem é que a ligação com certa figura, formada por respostas de aproximação e acompanhamento da figura, depois se manifesta exatamente dessa forma; nesse sentido, assemelha-se à instrução simples, pois o comportamento posterior é, fundamentalmente, uma repetição do comportamento inicial. No entanto, outro efeito da estampagem é que a ligação com uma figura pode depois manifestar-se de forma nova — por ex., agressão à figura, ou corto sexual dirigida a ela. A exposição inicial à figura pode ser também responsável pelos temores característicos que o indivíduo mostra em fase posterior da vida. Estes efeitos duradouros, quando ocorrem, não podem ser colocados na categoria de resultados de instrução.

Já fizemos uma resenha (ver Cap. 4) dos resultados até agora obtidos quanto aos efeitos de estampagem inicial sobre o comportamento posterior dos indivíduos "estampados". Nosso conhecimento atual sobre os efeitos duradouros de estampagem em espécies sub-humanas é relativamente menos especulativo do que nosso conhecimento sobre os efeitos de estampagem em seres humanos. Deixando de lado, por enquanto, os seres humanos, é possível considerar três tipos de comportamento nos animais: 1) preferências demonstradas por aspectos específicos do ambiente; 2) comportamento social, e 3) a escolha de objetos sexuais.

Pouco se sabe sobre a influência da estampagem nas preferências permanentes de animais por um ou outro tipo de ambiente de moradia. No Cap. 5 consideramos as indicações de ligação a aspectos estacionários do ambiente. Essas eram manifestações, a curto prazo, de preferência. É possível que pesquisas mostrem a permanência de algumas dessas ligações. Klopfer (1963) estudou, em pássaros um efeito a longo prazo de exposição ao ambiente. Os sujeitos desse estudo eram de uma espécie de pardal (*chipping sparrow*). Alguns indivíduos foram criados sem a vista de qualquer folhagem; outros, com a vista de folhagem de carvalho. Depois de adultos, foram examinados com alguns pássaros criados soltos, quanto à escolha de locais para pouso. Para os diferentes grupos pesquisadores, mantiveram-se constantes algumas variáveis — por exemplo, alimento, intensidade de luz e oportunidades para pouso. Klopfer verificou que os adultos que tinham sido criados soltos preferiam locais em pinheiros aos locais em carvalhos. O mesmo acontecia com pássaros criados sem qualquer folhagem. Os que tinham sido criados na presença de folhagem de carvalho escolheram, em proporções quase iguais, locais em pinheiros e em carvalhos. Pode-se perguntar até que ponto as preferências de outras espécies, quanto a *habitats*, na vida adulta, podem ser influenciadas por suas experiências na infância.

Quanto ao comportamento social de pássaros, Lorenz (1935) notou que "O comportamento social inato, cujo liberador precisa ser adquirido, torna-se, em estádio bem marcado de seu desenvolvimento, dependente do objeto do mundo do pássaro jovem". Considerando-se os estudos de agrupamento notados no Cap. 4, não é possível ter certeza da influência relativa de estádios iniciais de desenvolvimento. É possível que, em algumas espécies, as experiências sociais iniciais sejam mais decisivas para o comportamento social posterior do que para outras; além disso, não há dúvida mental pode fortalecer a socialização resultantes de exposide que a socialização provocada pel aaprendizagem instrução (Scott, 1962). Há muita necessidade de estudos amplos sobre os efeitos a longo prazo de estampagem no comportamento social de pássaros precoces.

Harlow e Harlow (1962) pesquisaram as conseqüências, em macacos resos, de criação solitária na infância.

Os macacos privados, entre três e seis meses de idade, da companhia de companheiros, posteriormente apresentavam mau ajustamento social. De outro lado, macacos sem mãe, criados juntos com outros na mesma condição, mais tarde eram capazes de interação social aparentemente normal, embora, segundo os pesquisadores, não fosse possível julgar o desenvolvimento final de "personalidade" desses macacos sem mãe, criados em grupo.

Finalmente, deve-se dizer que é relativamente pouco o que se sabe sobre os efeitos da estampagem inicial no comportamento sexual de animais. Não há dúvida de que as respostas sexuais de pássaros podem, às vezes, tornar-se "erradas", por causa de experiências específicas de estampagem do indivíduo. A ausência de objetos adequados de ligações tende a provocar, mais tarde, e em alguns casos, deformação no ajustamento social e sexual. Fisher e Hale (1957) mostraram que, na galinha doméstica, o isolamento prolongado, e no início da vida, com relação à sua espécie, pode levar à orientação errada das respostas sexuais. Kruijt (1962) mostrou que também poderia levar a padrão anormal de comportamento agressivo e de fuga.

No entanto, Beach (1942) verificou que ratos, mantidos em isolamento social até a maturidade, mostravam comportamento sexual inteiramente normal. Depois, Kagan e Beach (1953) mostraram que as reações de ejaculação em tais ratos eram mais freqüentes do que as de ratos com certa experiência de sua espécie; ver também Beach, 1955. Harlow e Harlow (1962) mostraram que macacos criados em isolamento social mais tarde apresentaram comportamento sexual bem anormal e pareciam incapazes de acasalamento. Houve descrições anteriores de chipanzés criados sem contatos heterossexuais e que, na maturidade, eram incapazes de respostas normais de acasalamento (Nissen, 1953). Portanto, a influência de experiência inicial em atividade sexual posterior de mamíferos varia com a espécie; também aqui há campo para outras pesquisas.

Qual o papel da estampagem no desenvolvimento de personalidade de seres humanos? Qualquer resposta à pergunta será especulativa. Talvez Gray (1958) tenha sido o primeiro a fazer sugestões específicas a respeito. Resenhou os estudos referentes à resposta do sorriso, bem como os estudos sobre efeitos de privação inicial e internamento em instituições coletivas; supôs que a estampagem poderia ser o fundamento do desenvolvimento da personalidade humana. Não se sabe até que ponto essa conclusão seria justificável. E Gray não tentou enfrentar a imensa tarefa de ligar suas sugestões sobre estampagem à posição psicanalítica referente ao papel formador das experiências iniciais.

Outras especulações foram apresentadas por Hess (1962a). Admitiu que "os comportamentos apáticos, nervosos ou hostis apresentados por crianças de orfanato" eram semelhantes ao comportamento, considerado anormal, de pintinhos criados em isolamento social durante os primeiros dias depois de terem saído do ovo. Salk (1962) interessou-se mais pelos efeitos de algumas experiências do que pelos efeitos de sua ausência. Chegou a dizer que "a música e a dança resultam de estampagem e são criadas e sentidas pelo homem em sua tentativa de ficar perto de estímulos nele estampados"; assim, a música e a dança seriam tentativas inconscientes do homem para reconquistar as experiências sensoriais semelhantes às recebidas "durante a vida pré-natal". Nem é preciso dizer que essa especulação, em sua forma pura, não pode ser confirmada e nem refutada por quaisquer observações e experimentos possíveis.

De maneira muito correta, Hinde (1961) considerou, de maneira provisória, algumas analogias entre estampagem em mamíferos e em seres humanos. Um figura maternal é importante na vida de mamíferos e pássaros jovens, bem como para bebês humanos. Inicialmente, as primeiras respostas filiais de pássaros precoces não são específicas, e através da estampagem tais animais se tornam gradualmente ligados a determinados tipos de figuras. De forma um pouco semelhante, as respostas filiais de seres humanos, — por exemplo, sorriso e, mais tarde, acompanhamento — se tornam limitadas a alguns indivíduos. Como o indica Hinde, o desenvolvimento de medo diante de estranhos, e de respostas agressivas, parece ser semelhante em pássaros, antropóides e seres humanos. A ligação de uma criança à mãe pode ser influenciada por prêmios fisiológicos e outros destes derivados, mas existem algumas provas de que está enraizada nas respostas iniciais não-condicionadas, do bebê aos estímulos ambientais, da mesma forma que as ligações de pássaros e mamíferos precoces "estampados" bem como de macacos-bebês, às figuras de mãe.

Antes já vimos que há provas de que o desenvolvimento normal de padrões de comportamento em pássaros nidífugos exige, no início da vida do animal, a presença de um objeto adequado de estampagem. O trabalho de J. P. Scott e seus colaboradores mostrou que o desenvolvimento social normal de alguns animais — por exemplo, carneiros e cães — depende de socialização inicial que se assemelha muito mais a estampagem do que a condicionamento por prêmio e castigo. As pesquisas de Harlow e seus colaboradores demonstraram que a companhia de uma figura maternal e a companhia de irmãos são muito importantes para a "saúde mental" de um macaco em desenvolvimento. A seguir, podemos perguntar quais seriam as conseqüências da privação sensorial e social em bebês humanos.

Há muitos anos se reconhece que qualquer separação prolongada entre o recém-nascido e sua mãe tende a levar à "desorganização" da personalidade do bebê (Ribble, 1946; ver também Mussen *et al.*, 1963). No entanto, não se deve supor que a falta de cuidados e afeição na infância deva ter alguns efeitos terríveis na criança, como até certo ponto se supunha num livro anterior e muito divulgado de Bowlby (1951). No entanto, a opinião contrária, segundo a qual essa influência de condições iniciais e negativas pode ser facilmente eliminada mais tarde, é pouco plausível, em parte por causa dos resultados referentes aos efeitos prejudiciais de um ambiente uniforme, limitado e pobre, sobre animais em fase de crescimento. Por isso, é razoável esperar que tanto a monotonia sensorial quanto a falta de contato social estável sejam prejudiciais ao desenvolvimento normal de crianças.

A "privação psicológica" de uma criança educada em instituição coletiva, e não em lar normal, foi descrita e discutida, principalmente de um ponto de vista psicanalítico, numa série de artigos de Goldfarb; ver, por exemplo, Goldfarb, 1943, 1945. A personalidade da "criança internada" de Goldfarb parecia muito semelhante à do "caráter sem afeição", descrito por Bowlby. Mais tarde, Bowlby, Ainsworth, Boston e Rosenbluth (1956) procuraram comparar os efeitos de estada prolongada em internato com os de educação em ambiente de lar comum. Não era tarefa fácil realizar essa pesquisa rigorosamente controlada de internamento. Algumas crianças que, antes de quatro anos de idade, tinham vivido alguns meses em sanatório para tuberculosos, foram estudadas quando tinham aproximadamente de sete a treze anos e meio de idade. Verificou-se que, pelos critérios usuais, tais crianças estavam relativamente mais desajustadas do que crianças comparáveis de um grupo de controle. No entanto, como no conjunto, as crianças do grupo experimental não se revelaram delinqüentes, Bowlby e seus colaboradores concluíram que "são incorretas as afirmações de que as crianças que vivem em internatos ou passam por formas semelhantes de privação no início da vida *comumente* apresentam caracteres psicopatas ou sem afeição".

O estudo, — através de efeitos brutos, como bom ajustamento social — de comportamento posterior de crianças ligadas à mãe ou dela separadas é método para compreender os efeitos duradouros das experiências iniciais da criança. Outro método é analisar mais minuciosamente o desenvolvimento dos laços entre a criança, sua mãe e outras pessoas. Entre as respostas distintas inicialmente apresentadas pelo bebê à figura da mãe, Bowlby (1958, 1960a) reconheceu cinco: chupar, pegar, seguir, chorar, sorrir. O autor considerou que tais "respostas instintivas componentes" podiam ser provocadas por alguns estímulos adequados. Bowlby sugeriu que a ligação com a mãe se desenvolve a partir de tais respostas (ver também Rheingold, 1961); criticou a opinião de que a ligação com a mãe se desenvolve em conseqüência de aprendizagem por prêmio, dependendo do fato de a mãe dar alimentos e outros elementos para o bem-estar da criança. Esta última opinião decorre do tipo tradicional de teoria da aprendizagem; está de acordo com a proposição geral, bem exemplificada pela afirmação de Dollard e Miller (1950), isto é, "... é provável que a experiência de alimentação possa ser a oportunidade para que a criança aprenda a gostar de estar com os outros; vale dizer, pode estabelecer as bases da sociabilidade".

No entanto, como se notou no último capítulo, já se mostrou que a experiência de alimentação *não* é a base para a sociabilidade em cãezinhos; ver Brodbeck, 1954, Scott 1962. Já se mostrou que a experiência de alimentação *não* é a base para os laços emocionais do macaco-bebê com a figura da mãe; ver Harlow, 1958, 1959, etc. Podemos apenas supor que a ligação com a mãe e a socialização de crianças não dependam inteiramente de aprendizagem por prêmios. Aparentemente, a conclusão da análise de Bowlby é que: 1) a aprendizagem das características da mãe resulta de exposição a ela, e 2) o desenvolvimento da ligação é, basicamente, um processo semelhante ao da estampagem.

Um dos componentes das "respostas instintivas componentes" — o sorriso — tem sido extensivamente estudado. Ahrens (1954) admitiu que as respostas iniciais de sorriso são inatas e podem ser liberadas por estímulos adequados. Salzen (1963b) mostrou que os primeiros resultados (por ex., os de Spitz e Wolfe, 1946) referentes à natureza dos estímulos liberadores não poderiam ser inteiramente aceitos. Bowlby (1957) pensou que o sorriso poderia ser liberado no sentido etológico; discordou de Spitz, pois este considerara que o sorriso poderia ser aprendido instrumentalmente.

Uma criança precisa de certo tempo para adquirir a capacidade para distinguir entre sua mãe e outras pessoas; não se pode mostrar que, antes dos seis meses, conheça a mãe. A rigor, uma criança não pode sentir privação ou falta da mãe antes de conhecê-la, embora a perda de estimulação dada por adultos possa, em certas condições, resultar em certas mudanças no comportamento da criança. As observações de bebês com menos de um ano de idade, e que estavam em ambiente hospitalar, levaram Schaffer (1958) a reconhecer duas fases de privação: privação sensorial em bebês muito pequenos, e privação maternal em bebês que davam sinais de conhecer suas mães. Os sintomas de privação observados no primeiro "estádio global" — segundo a denominação de Schaffer — indicavam sintomas de deficiência de estimulação (Ribble, 1946, já tinha falado antes da "fome" que os bebês sentem de estimulação). Apenas durante o último estádio, o "estádio diferenciado", Schaffer pôde observar os sintomas usuais de separação da mãe no sentido mais rigoroso. Bowlby (1960a, b) interessou-se por tais sintomas, e distinguiu três estádios na reação da criança diante da separação: protesto, desespero e desligamento.

Assim, segundo Bowlby (1962), durante aproximadamente os seis primeiros meses de vida a criança enfrenta o impacto de estimulação sensorial, e aprende a reconhecer, no fundo ambiental, "uma determinada figura, que usualmente é sua mãe". Nesse processo, a criança desenvolve uma ligação com a mãe, e essa ligação se torna cada vez mais intensa. É possível que uma exploração sistemática e proveitosa do ambiente pela criança só possa começar quando se tenha criado um laço seguro desse tipo. É certo que os macacos de Harlow exploram mais eficientemente o ambiente quando podem "voltar" para uma relação segura com uma figura de mãe.

Atualmente, só se pode especular quanto às indicações de que o espírito de aventura nos seres humanos acompanhe alguns sinais de "segurança emocional"; a resposta deve ser dada por outras pesquisas sobre a personalidade. De forma semelhante, podemos apenas perguntar se a ligação da pessoa com seu ambiente doméstico, ou mesmo com seu país, depende de alguma forma de estampagem. Já se disse que a escolha de uma esposa pelo homem poderia ser influenciada pelo impacto inicial da personalidade e da aparência da mãe. Talvez a aprendizagem inicial semelhante à estampagem seja também um fator na homossexualidade adulta e na pedofilia (amor sexual de crianças por adultos — descrito, por exemplo, no romance *Lolita* de Nabokov).

Seria imprudência procurar as raízes de traços da personalidade humana, normais e anormais, em certos tipos de experiência inicial, e assim esquecer a amplitude total de determinantes da personalidade na hereditariedade e no ambiente. Apesar disso, o papel relativamente pouco reconhecido de aprendizagem inicial, semelhante à estampagem, pode e deve ser mais minuciosamente considerado. Atualmente, é necessário conseguir maior conhecimento de fatos a respeito de todos os processos semelhantes à estampagem. Apenas depois disso será possível compreender mais claramente a contribuição da estampagem para comportamento comum e incomum.

"As almas das crianças são coisas maravilhosamente delicadas, e guardam para sempre a sombra daquilo que primeiro as atinge. (...)" Olive Schreiner (1883). *The Story of an African Farm*.

Bibliografia

ABERCROMBIE, B. & JAMES, H. (1961). The stability of the domestic chick's response to visual flicker. *Anim. Behav.*, 9, 205-212.
AHRENS, R. (1954). Beitrag zur Entwicklung des Physiognomie und Mimikerkennes. *Z. Exp. Angew. Psychol.*, 2, Part I: 412-454; Part II: 599-633.
ALLEY, R. & BOYD, H. (1950). Parent-young recognition in the coot. *Ibis*, 92, 46-51.
ALTMANN, M. (1958). Social integration in the moose calf. *Anim. Behav.*, 6, 155-159.
BAER, D. M. & GRAY, P. H. (1960). Imprinting to a different species without overt following. *Percept. Mot. Skills*, 10, 171-174.
BAERENDS, G. P. & BAERENDS-VANROON J. M. (1950). An Introduction to the Study of the Ethology of Cichlid Fishes (*Behaviour Supplement I*, 1-243). Leiden: Brill.
BAMBRIDGE, R. (1962). Early experience and sexual behaviour in the domestic chicken. *Science*, 136, 259-260.
BARNETT, S. A. (1958). Exploratory behaviour. *Brit J. Psychol.*, 49, 289-310.
BARON, A. & KISH, G. B. (1960). Early social isolation as a determinant of aggregative behavior in the domestic chicken. *J. comp. physiol. Psychol.*, 53, 459-463.
BARON, A., KISH, G. B. & ANTONITIS, J. J. (1961). Stimulus determinants of aggregative behavior in the domestic chicken. *J. genet. Psychol.*, 98, 177-182.
(1962). Effects of early and late social isolation on aggregative behavior in the domestic chicken. *J. genet. Psychol.*, 100, 355-360.
BEACH, F. A. (1962). Comparison of copulatory behavior of male rats raised in isolation, cohabitation and segregation. *J. genet. Psychol.*, 60, 121-136.
(1955). Ontogeny and living systems. In: Schaffner, B. (Org.). *Group Processes*. New York: Macy Foundation.
BEACH, F. A. & JAYNES, J. (1954). Effects of early experience upon the behavior of animals. *Psychol. Bull.*, 51, 239-263.

BEXTON, W. H., HERON, W. & SCOTT, T. H. (1954). Effects of decreased variation in the sensory environment. *Canad. J. Psychol.,* 8 70-76.
BIEL, W. C. (1940). Early age differences in maze performance in the albino rat. *J. genet. Psychol., 56,* 439-453.
BINDRA, D. (1959). *Motivation.* New York: Ronald Press.
BINGHAM, W. E. & GRIFFITHS, W. J. (1952). The effect of different environments during infancy on adult behavior in the rat. *J. comp. physiol. Psychol., 45,* 307-312.
BOWLBY, J. (1951). *Maternal Care and Mental Health.* Geneva: World Health Organization Monograph Series.
(1953). *Child Care and the Growth of Love.* London: Penguin Books.
(1957). Symposium on the contribution of current theories to an understanding of child development. I. An ethological approach to research in child development. *Brit. J. med. Psychol., 30,* 230-240.
(1958). The nature of the child's tie to his mother. *Internat. J. Psycho-anal., 39,* 1-24.
(1960a). Separation anxiety. *Internat. J. Psycho-anal., 41,* 89-113.
(1960b). Grief and mourning in infancy and early childhood. *Psycho-anal. Study Child., 15,* 9-52.
(1962). Childhood bereavement and psychiatric illness. In: Richter, D. *et al.* (Orgs.) *Aspects of Psychiatric Research.* London: Oxford University Press.
BOWLBY, J., AINSWORTH, M., BOSTON, M. & ROSENBLUTH, D. (1956). The effects of mother-child separation: a follow-up study, *Brit. J. med. Psychol., 29,* 211-247.
BRETT, G. S. (1912, 1921). *A History of Psychology.* London: Allen & Unwin.
BROADBENT, D. E. (1961). *Behaviour.* London: Eyre & Spottiswoode. Trad. em português publicada pela Ed. Perspectiva, Col. "Estudos" n. 7.)
BRODBECK, A. J. (1954). An exploratory study on the acquisition of dependency behavior in puppies. *Bull. Ecol. Soc. Am., 35,* 73.
BUGELSKI, B. R. (1956). *The Psychology of Learning.* New York: Holt.
BUTLER, R. A. (1953). Discrimination learning in rhesus monkeys to visual-exploration motivation. *J. comp. physiol. Psychol., 46,* 95-98.
(1954). Incentive conditions which influence visual exploration. *J. exp. Psychol., 48,* 19-23.
CAMPBELL, B. A. & PICKLEMAN, J. R. (1961). The imprinting object as a reinforcing stimulus. *J. comp. physiol. Psychol., 54,* 592-596.
CANDLAND, D. K. & CAMPBELL, B. A. (1962). Development of fear in the rat as measured by behavior in the open field. *J. comp. physiol. Psychol., 55,* 593-596.
CARR, H. A. (Org.) (1919). *Orthogenetic Evolution of Pigeons*: Vol. 3. Washington: Carnegie Institution. V. também Whitman (1919).
CASLER, L. (1961). Maternal deprivation: a critical review of the literature. *Monogr. Soc. Res. Child Developm., 26,* Nº 2.
COFOID, D. A. & HONIG, W. K. (1961). Stimulus generalization of imprinting. *Science, 134,* 1692-1694.

COLLIAS, N. E. (1952). The development of social behavior in birds. *Auk, 69*, 127-159.
(1962). Social development in birds and mammals. In: Bliss, E. L. (Org.). *Roots of Behavior.* New York: Harper & Bros.
COLLIAS, N. E. & COLLIAS, E. C. (1956). Some mechanisms of family integration in ducks. *Auk, 73*, 378-400.
COLLIAS, N. E. & JOOS, M. (1953). The spectrographic analysis of sound signals of the domestic fowl. *Behaviour, 5*, 175-188.
CRAIG, W. (1908). The voices of pigeons regarded as a means of social control. *Amer. J. Sociol., 14*, 86-100.
(1914). Male doves reared in isolation. *J. Anim. Behav., 4*, 121-133.
CUSHING, J. E. & RAMSAY, A. O. (1949). The non-heritable aspects of family unity in birds. *Condor, 51*, 82-87.
DEMBER, W. N. & EARL, R. W. (1957). Analysis of exploratory, manipulatory and curiosity behaviors. *Psychol. Rev., 64*, 91-96.
DENENBERG, V. H. (1959). The interactive effects of infantile and adult shock levels upon learning. *Psychol. Rep., 5*, 357-364.
(1962). The effects of early experience. In: Hafez, E. S. E. (Org.). *The Behaviour of Domestic Animals.* London: Baillière, Tindall & Cox.
DENENBERG, V. H. & BELL, R. W. (1960). Critical periods for the effects of infantile experience on adult learning. *Science, 131*, 227-228.
DENENBERG, V. H. & KARAS, G. G. (1960). Interactive effects of age and duration of infantile experience on adult learning. *Psychol. Rep., 7*, 313-322.
DOLLARD, J. & MILLER, N. E. (1950). *Personality and Psychotherapy.* New York: McGraw-Hill.
FABRICIUS, E. (1951a). Zur Ethologie junger Anatiden. *Acta Zool. Fenn., 68*, 1-175.
(1951b). Some experiments on imprinting phenomena in ducks. *Proc. X Internat. Ornithol. Congr.*, 375-379.
(1955). Experiments on the following-response of mallard ducklings. *Brit. J. Anim. Behav., 3*, 122.
(1962). Some aspects of imprinting in birds. *Symp. zoo. Soc. Lond., 8*, 139-148.
FABRICIUS, E. & BOYD, H. (1954). Experiments on the following reactions of ducklings. *Wildfowl Trust ann. Rep. (1952/53), 6*, 84-89.
FANTZ, R. L. (1957). Form preferences in newly hatched chicks. *J. comp. phycol., 50*, 422-430.
FISHER, E. A. & HALE, E. B. (1957). Stimulus determinants of sexual and aggressive behaviour in male domestic fowl. *Behaviour, 10*, 309-323.
FORGAYS, D. G. & FORGAYS, J. W. (1952). The nature of the effect of free-environmental experience in the rat. *J. comp. physiol. Psychol., 45*, 322-328.
FORGAYS, D. G. & READ, J. M. (1962). Crucial periods for free-environmental experience in the rat. *J. comp. physiol. Psychol., 55*, 816-818.
FORGUS, R. H. (1954). The effect of early perceptual learning on the behavioral organization of adult rats. *J. comp. physiol. Psychol., 47*, 331-336.

(1955). Early visual and motor experience as determiners of complex maze-learning ability under rich and reduced stimulation. *J. comp. physiol. Psychol.*, 48, 215-220.
FOSS, B. M. (Org.) (1961). *Determinants of Infant Behaviour*. Vol. *I*. London: Methuen.
FRISCH, O. V. (1957). Mit einem Purpurreiher verheiratet. *Z. Tierpsychol.*, 14, 233-237.
GIBSON, E. J. & WALK, R. D. (1956). The effect of prolonged exposure to visually presented patterns on learning to discriminate them. *J. comp. physiol. Psychol.*, 49, 239-242.
GIBSON, E. J., WALK, R. D., PICK, H. L. JR. & TIGHE, T. J. (1958). The effect of prolonged exposure to visual patterns on learning to discriminate similar and different patterns. *J. comp. physiol. Psychol.*, 51, 584-587.
GIBSON, J. J. & GIBSON, E. J. (1955). Percentual learning: differentiation and enrichment. *Psychol. Rev.*, 62, 32-41.
GLANZER, M. (1958). Curiosity, exploratory drive, and stimulus satiation. *Psychol. Bull.*, 55, 302-315.
GOLDFARB, W. (1943). Effects of early institutional care on adolescent personality. *J. exp. Educ.*, 12, 106-129.
(1945). Effects of psychological deprivation in infancy and subsequent stimulation. *Amer. J. Psychiat.*, 102, 18-33.
GOODWIN, D. (1948). Some abnormal sexual fixations in birds. *Ibis*, 90, 45-48.
GOTTLIEB, G. (1961a). Developmental age as a baseline for determination of the critical period in imprinting. *J. comp. physiol. Psychol.*, 54, 422-427.
(1961b). The following-response and imprinting in wild and domestic ducklings of the same species. *Behaviour*, 18, 205-228.
(1963a). "Imprinting" in nature. *Science*, 139, 497-498.
(1963b). A naturalistic study of imprinting in wood ducklings (*aix sponsa*). *J. comp. physiol. Psychol.*, 56, 86-91.
(1963c). Following-response initiation in ducklings: age and sensory stimulation. *Science*, 140, 399-400.
GOTTLIEB, G. & KLOPFER, P. H. (1962). The relation of developmental age to auditory and visual imprinting. *J. comp. physiol. Psychol.*, 55, 821-826.
GRABOWSKI, U. (1941). Praegung eines Jungschafs auf den Menschen. *Z. Tierpsychol.*, 4, 326-329.
GRAY, P. H. (1958). Theory and evidence of imprinting in human infants. *J. Psychol.*, 46, 155-166.
(1960). Evidence that retinal flicker is not a necessary condition of imprinting. *Science*, 132, 1834.
(1961a). Imprinting. *Science*, 133, 924-928.
(1961b). The releasers of imprinting: differential reactions to color as a function of maturation. *J. comp. physiol. Psychol.*, 54, 597-601.
(1962). Is the imprinting critical period and artifact of a biological clock? *Percept. Mot. Skills*, 14, 70.
GRAY, P. H. & HOWARD, K. I. (1957). Specific recognition of humans in imprinted chicks. *Percept. Mot. Skills*, 7, 301-304.
GREENBERG, B. (1963a). Parental behaviour and imprinting in cichlid fishes. *Behaviour*, 21, 127-144.
(1963b). Parental behaviour and recognition of young in *Cichlasoma biocellatum*. *Anim. Behav.*, 11, 578-582.

GUHL, A. M. (1962). The behaviour of chickens. In: Hafez, E. S. E. (Org.). *The Behaviour of Domestic Animals*. London: Baillière, Tindall & Cox.
GUITON, P. (1958). The effect of isolation on the following response of Brown Leghorn chicks. *Proc. roy. phys. Soc. Edinb.*, 27, 9-14.
— (1959). Socialisation and imprinting in Brown Leghorn chicks. *Anim. Behav.*, 7, 26-34.
— (1961). The influence of imprinting on the agonistic and courtship responses of the Brown Leghorn cock. *Anim. Behav.*, 9, 167-177.
— (1962). The development of sexual responses in the domestic fowl in relation to the concept of imprinting. *Symp. zoo. Soc. Lond.*, N.º 8, 227-234.
HALE, E. B. & SCHEIN, M. W. (1962). The behaviour of turkeys. In: Hafez, E. S. E. (Org.). *The Behaviour of Domestic Animals*. London: Baillière, Tindall & Cox.
HARLOW, H. F. (1949). The formation of learning sets. *Psychol. Rev.*, 56, 51-65.
— (1950). Learning and satiation of response in intrinsically motivated complex puzzle performance in monkeys. *J. comp. physiol. Psychol.*, 43, 289-294.
— (1953a). Mice, monkeys, men and motives. *Psychol. Rev.*, 60, 23-32.
— (1953b). Motivation as a factor in the acquisiton of new responses. In: Brown, J. S. *et al.* (Org.). *Current Theory and Research in Motivation*. Lincoln, Neb.: University of Nebraska Press.
— (1958). The nature of love. *Amer. Psychologist*, 13, 673-685.
— (1959). Love in infant monkeys. *Sci. Amer.*, 200, 68-74.
— (1960). Primary affectional patterns in primates. *Amer. J. Orthopsychiat.*, 30, 676-684.
— (1961). The development of affectional patterns in infant monkeys. In: Foss, B. M. (Org.). *Determinants of Infant Behaviour*. Vol. I. London: Methuen.
— (1962). Development of affection in primates. In: Bliss, E. L. (Org.). *Roots of Behavior*. New York: Harper & Bros.
HARLOW, H. F. & HARLOW, M. K. (1962). Social deprivation in monkeys. *Sci. Amer.*, 207, 137-146.
HARLOW, H. F., HARLOW, M. K. & MEYER, D. R. (1950). Learning motivated by a manipulation drive. *J. exp. Psychol.*, 40, 228-234.
HARLOW, H. F. & MCCLEARN, G. E. (1954). Object discrimination learned by monkeys on the basis of manipulation motives. *J. comp. physiol. Psychol.*, 47, 73-76.
HARLOW, H. F. & ZIMMERMANN, R. R. (1958). The development of affectional responses in infant monkeys. *Proc. Amer. Phil. Soc.*, 102, 501-509.
— (1959). Affectional responses in the infant monkey. *Science*, 130, 421-432.
HAYES, W. N. & WARREN, J. M. (1963). Failure to find spontaneous alternation in chicks. *J. comp. physiol. Psychol.*, 56, 575-577.
HEBB, D. O. (1946). On the nature of fear. *Psychol. Rev.*, 53, 250-275.
— (1949). *The Organization of Behavior*. New York: Wiley.
HEBB, D. O., HEATH, E. S. & STUART, E. A. (1954). Experimental deafness. *Canad. J. Psychol.*, 8, 152-156.

HEDIGER, H. (1950). *Wild Animals in Captivity*. London: Butterworth.
(1955). *Studies of the Psychology and Behaviour of Captive Animals in Zoos and Circuses*. London: Butterworth.
HEINROTH, O. (1911). Beitraege zur Biologie, nahmentlich Ethologie und Psychologie der Anatiden. *Verh. 5 int. orn. Kongr. Berlin, 1910,* 589-702.
HEINROTH, O. &. HEINROTH, K. (1959). *The Birds*. London: Faber & Faber.
HERON, W., DOANE, B. K. & SCOTT, T. H. (1956). Visual disturbances after prolonged perceptual isolation. *Canad. J. Psychol., 10,* 13-18.
HERSHER, L., RICHMOND, J. B. & MOORE, A. V. (1963). Modifiability of the critical period for the development of maternal behaviour in sheep and goats. *Behaviour, 20,* 311-320.
HESS, E. H. (1956). Natural preferences of chicks and ducklings for objects of different colours. *Psychol. Rep., 2,* 477-483.
(1957). Effects of meprobamate on imprinting in water-fowl. *Ann. N. Y. Acad. Sci., 67,* 724-732.
(1958). "Imprinting" in animals. *Sci. Amer., 198,* 81-90.
(1959a). Imprinting. *Science, 130,* 133-141.
(1959b). The conditions limiting critical age of imprinting. *J. comp. physiol. Psychol., 52,* 515-518.
(1959c). The relationship between imprinting and motivation. In: Jones, M. R. (Org.). *Nebraska Symposium on Motivation*. Lincoln, Neb.: University of Nebraska Press.
(1962a). Imprinting and the "critical period" concept. In: Bliss, E. L. (Org.). *Roots of Behavior*. New York: Harper & Bros.
(1962b). Ethology: an approach toward the complete analysis of behavior. In: Brown, R., Galanter, E., Hess, E. H. and Mandler, G. *New Directions in Psychology*. New York: Holt, Rinehart & Winston.
HESS, E. H. & GOGEL, W. C. (1954). Natural preferences of the chick for objects of different colors. *J. Psychol., 38,* 483-493.
HESS, E. H., POLT, J. M. & GODWIN, E. (1959). Effects of carisoprodol on early experience in learning. In: Miller, J. G. (Org.). *The Pharmacology and Clinical Uses of Carisoprodol*. Detroit: Wayne State University Press.
HESS, E. H. & SCHAEFER, H. H. (1959). Innate behavior patterns as indicators of the "critical period". *Z. Tierpsychol., 16,* 155-160.
HILGARD, E. R. & MARQUIS, D. G. (1961). *Conditioning and Learning*. London: Methuen.
HINDE, R. A. (1955a). The modifiability of instinctive behaviour. *Adv. Sci., 12,* 19-24.
(1955b). The following response of moorhens and coots. *Brit. J. Anim. Behav., 3,* 121-122.
(1959). Some recent trends in ethology. In: Koch, S. (Org.). *Psychology: A Study of Science: Vol. 2*. New York: McGraw-Hill.
(1961). The establishment of the parent-offspring relation in birds, with some mammalian analogies. In: Thorpe, W. H. and Zangwill, O. L. (Orgs.). *Current Problems in Animal Behaviour*. Cambridge: C. U. P.
(1962a). The relevance of animal studies to human neurotic disorders. In: Richter, D. *et al.* (Orgs.). *Aspects of Psychiatric Research*. London: Oxford University Press.

(1962b). Some aspects of the imprinting problem. *Sym. zoo. Soc. Lond., N? 8,* 129-138.
HINDE, R. A., THORPE, W. H. & VINCE, M. A. (1956). The following response of young coots and moorhens. *Behaviour, 11,* 214-242.
HYMOVITCH, B. (1952). The effects of experimental variation on problem solving in rats. *J. comp. physiol. Psychol., 45,* 313-320.
JAMES, H. (1959). Flicker: an unconditioned stimulus for imprinting. *Canad. J. Psychol., 13,* 59-67.
(1960a). Imprinting with visual flicker: evidence for a critical period. *Canad. J. Psychol., 14,* 13-20.
(1960b). Social inhibition of the domestic chick's response to visual flicker. *Anim. Behav.,* 8, 223-224.
(1960c). Imprinting. *Ontario psychol. Assoc. Quarterly, 13,* 41-74.
(1961). Comunicação pessoal.
JAMES, H. & BINKS, C. (1963). Escape and avoidance learning in newly hatched domestic chicks. *Science, 139,* 1293-1294.
JAMES, W. (1890). *Principles of Psychology.* New York: Holt.
JAYNES, J. (1956). Imprinting: the interaction of learned and innate behavior: I. Development and generalization. *J. comp. physiol. Psychol., 49,* 201-206.
(1957). Imprinting: the interaction of learned and innate behavior: II. The critical period. *J. comp. physiol. Psychol., 50,* 6-10.
(1958a). Imprinting: the interaction of learned and innate behavior: III. Practice effects on performance, retention and fear. *J. comp. physiol. Psychol., 51,* 234-237.
(1958b). Imprinting: the interaction of learned and innate behavior: IV. Generalization and emergent discrimination. *J. comp. physiol. Psychol., 51,* 238-242.
KAGAN, J. & BEACH, F. A. (1953). Effects of early experience on mating behavior of male rats. *J. comp. physiol. Psychol., 46,* 204-208.
KANTROW, R. W. (1937). An investigation of conditioned feeding responses and concomitant adaptive behavior in young infants. *Univ. Iowa Stud. Child Welfare, 13,* N? 3.
KAUFMAN, I. C. & HINDE, R. A. (1961). Factors influencing distress calling in chicks, with special reference to temperature changes in social isolation. *Anim. Behav., 9,* 197-204.
KEAR, J. (1960). Abnormal sexual behaviour of a hawfinch. *Ibis, 102,* 614-616.
KING, J. A. (1958). Parameters relevant to determining the effect of early experience upon the adult behavior of animals. *Psychol. Bull., 55,* 46-58.
KLOPFER, P. H. (1956). Comments concerning the age at which imprinting occurs. *Wilson Bull., 68,* 320-321.
(1959a). An analysis of learning in young anatidae. *Ecology, 40,* 90-102.
(1959b). The development of sound-signal preferences in ducks. *Wilson Bull., 71,* 262-266.
(1961). Imprinting. *Science, 133,* 923-924.
(1963). Behavioral aspects of habitat selection: the rôle of early experience. *Wilson Bull., 75,* 15-22.
KLOPFER, P. H. & GOTTLIEB, G. (1962a). Imprinting and behavioral polymorphism: auditory and visual imprinting in domestic

ducks and the involvement of the critical period. *J. comp. physiol. Psychol., 55,* 126-130.

(1962b). Learning ability and behavioral polymorphism within individual clutches of wild ducklings (*anas platyrhynchos*). *Z. Tierpsychol., 19,* 183-190.

KOVACH, J. K. & HESS, E. H. (1963). Imprinting: effects of painful stimulation upon the following response. *J. comp. physiol. Psychol., 56,* 461-464.

KRUIJT, J. P. (1962). Imprinting in relation to drive interactions in Burmese Red Junglefowl. *Sym. zoo. Soc. Lond., Nº 8,* 219-226.

LEROY, C. G. (1870). *The Intelligence and Perfectibility of Animals from a Philosophic Point of View.* London: Chapman & Hall.

LEVINE, S. (1956). A further study of infantile handling and adult avoidance learning. *J. Personality, 25,* 70-80.

(1962a). The effects of infantile experience on adult behavior. In: Bachrach, A. J. (Org.). *Experimental Foundations of Clinical Psychology.* New York: Basic Books.

(1962b). Psychological effect of infantile stimulation. In: Bliss, E. L. (Org.). *Roots of Behavior.* New York: Harper & Bros.

LEVINE, S., CHEVALIER, J. A. & KORCHIN, S. J. (1956). The effects of early shock and handling on later avoidance learning. *J. Personality, 24,* 475-493.

LORENZ, K. (1935). Der Kumpan in der Umwelt des Vogels; die Artgenosse als ausloesendes Moment sozialer Verhaltungsweisen. *J. Ornithol., 83,* 137-213, 289-413. Trad. inglesa com o título "Companionship in bird life; fellow members of the species as relasers of social behavior", in: Schiller, C. H. (Org.) (1957). *Instinctive Behavior.* New York: Intern. University Press.

(1937a). Über die Bildung des Instinktbegriffes. *Naturwissenschaften, 25,* 289-300, 307-318 e 324-331. Trad. inglesa com o título "The nature of instinct", in: Schiller, C. H. (Org.) (1957). *Instinctive Behavior.* New York: Intern. University Press.

(1937b). The companion in the bird's world. *Auk, 54,* 245-273.

(1952). *King Solomon's Ring.* London: Methuen.

(1955). Morphology and behavior patterns in closely allied species. In: Schaffner, B. (Org.). *Group Processes.* New York: Macy Foundation.

LURIA, A. R. (1932). *The Nature of Human Conflicts.* New York: Liveright.

MACE, C. A. (1962). Psychology and aesthetics. *Brit. J. Aesthet., 2,* 3-16.

MELZACK, R. (1952). Irrational fears in the dog. *Canad. J. Psychol., 6,* 141-147.

MENZEL, JR., E. W. (1963). The effects of cumulative experience on responses to novel objects in young isolation-reared chimpanzees. *Behaviour, 21,* 1-12.

MILES, R. C. (1958). Learning in kittens with manipulatory, exploratory, and food incentives. *J. comp. physiol. Psychol., 51,* 39-42.

MILLER, N. E. (1948). Studies of fear as an acquirable drive: I. Fear as motivation and fear-reduction as reinforcement in the learning of new responses. *J. exp. Psychol., 38,* 89-101.

(1951). Learnable drives and rewards. In: Stevens, S. S. (Org.). *Handbook of Experimental Psychology.* New York: Wiley.

MOLTZ, H. (1960). Imprinting: empirical basis and theoretical significance. *Psychol. Bull., 57,* 291-314.

(1961). Retinal flicker and imprinting. *Science, 133*, 970.
(1963). Imprinting: an epigenetic approach. *Psychol. Rev., 70*, 123-138.
MOLTZ, H. & ROSENBLUM, L. A. (1958a). Imprinting and associative learning: the stability of the following response in Peking ducks. *J. comp. physiol. Psychol., 51*, 580-583.
(1958b). The relation between habituation and the stability of the following response. *J. comp. physiol. Psychol., 51*, 658-661.
MOLTZ, H., ROSENBLUM, L. & HALIKAS, N. (1959). Imprinting and level of anxiety. *J. comp. physiol. Psychol., 52*, 240-244.
MOLTZ, H., ROSENBLUM, L. & STETTNER, L. J. (1960). Some parameters of imprinting effectiveness. *J. comp. physiol. Psychol., 53*, 297-301.
MOLTZ, H. & STETTNER, L. J. (1961). The influence of patterned-light deprivation on the critical period for imprinting. *J. comp. physiol. Psychol., 54*, 279-283.
MONTGOMERY, K. C. (1951). The relation between exploratory behavior and spontaneous alternation in the white rat. *J. comp. physiol. Psychol., 44*, 582-589.
(1954). The rôle of the exploratory drive in learning. *J. comp. physiol. Psychol., 47*, 60-64.
(1955). The relation between fear induced by novel stimulation and exploratory behavior. *J. comp. physiol. Psychol., 48*, 254-260.
MORGAN, C. T. (1961). *Introduction to Psychology*. New York: McGraw-Hill.
MOWRER, O. H. (1939). A stimulus-response analysis of anxiety and its rôle as a reinforcing agent. *Psychol. Rev., 46*, 553-565.
(1960). *Learning Theory and Behavior*. New York: Wiley.
MUNN, N. L. (1950). *Handbook of Psychological Research on the Rat*. Boston: Houghton Mifflin.
(1954). Learning in children. In: Carmichael, L. (Org.). *Manual of Child Psychology*. New York: Wiley.
MURPHY, G. (1947). *Personality: A Biosocial Approach to Origins and Structure*. New York: Harper & Bros.
1960). *Human Potentialities*. London: Allen & Unwin.
MUSSEN, P. H., CONGER, J. J. & KAGAN, J. (1963). *Child Development and Personality*. New York: Harper & Row.
NICE, M. M. (1950). Development of a redwing (*Agelaius phoeniceus*). *Wilson Bull., 62*, 87-93.
1953). Some experiences in imprinting ducklings. *Condor, 55*, 33-37.
NICOLAI, J. (1956). Zur Biologie und Ethologie des Gimpels. *Z. Tierpsychol., 13*, 93-132.
NISSEN, H. W. (1953). Instinct as seen by a psychologist. *Psychol. Rev., 60*, 291-294.
1954). The nature of the drive as innate determinant of behavioral organization. In: Jones, M. R. (Org.). *Nebraska Symposium on Motivation*. Lincoln, Nb.: University of Nebraska Press.
PATTIE, JR. F. A. (1936). The gregarious behavior of normal chicks and chicks hatched in isolation. *J. comp. Psychol., 21*, 161-178.
PETERS, R. S. (Org.) (1953). *Brett's History of Psychology*. London: Allen & Unwin.
PITZ, G. F. & ROSS, R. B. (1961). Imprinting as a function of arousal. *J. comp. physiol. Psychol., 54*, 602-604.

PUMPHREY, R. J. (1948). The sense organs of birds. *Ibis, 90,* 171-199.
(1961). Sensory organs. In: Marshall, A. J. (Org.). *Biology and Comparative Physiology of Birds.* New York: Academic Press.
RAEBER, H. (1948). Analyse des Balzverhaltens eines domestizierten Truthans. *Behaviour, 1,* 237-266.
RAMSAY, A. O. (1951). Familial recognition in domestic birds. *Auk, 68,* 1-16.
RAMSAY, A. O. & HESS, E. H. (1954). A laboratory approach to the study of imprinting. *Wilson Bull., 66,* 196-206.
RATNER, S. C. & THOMPSON, R. W. (1960). Immobility reactions (fear) of domestic fowl as a function of age and prior experience. *Anim. Behav., 8,* 186-191.
RHEINGOLD, H. L. (1961). The effect of environmental stimulation upon social and exploratory behaviour in the human infant. In: Foss, B. M. (Org.). *Determinants of Infant Behaviour. Vol. I.* London: Methuen.
RIBBLE, M. A. (1946). Disorganizing factors in infant personality. In: Tomkins, S. S. (Org.). *Contemporary Psychopathology,* Cambridge, Mass.: Harvard University Press.
RICE, C. E. (1962). Imprinting by force. *Science, 138,* 680-681.
RIESEN, A. H. (1961). Studying perceptual development using the technique of sensory deprivation. *J. nerv. ment. Dis., 132,* 21-25.
RUSSELL, W. R. (1959). *Brain, Memory, Learning.* Oxford: Clarendon Press.
SALK, L. (1962). Mothers' heartbeat as an imprinting stimulus. *Trans. N. Y. Acad. Sc., 24,* 753-763.
SALZEN, E. A. (1962). Imprinting and Fear. *Symp. zoo. Soc. Lond., N? 8,* 197-217.
(1963a). Imprinting and the immobility reactions of domestic fowl. *Anim. Behav., 11,* 66-71.
(1963b). Visual stimuli eliciting the smiling response in the human infant. *J. genet. Psychol., 102,* 51-54.
SALZEN, E. A. & SLUCKIN, W. (1959a). An experiment in imprinting domestic fowl. *Bull. Brit. psychol. Soc., N? 38,* 35A-36A.
(1959b). The incidence of the following response and the duration of responsiveness in domestic fowl. *Anim. Behav., 7,* 172-179.
SALZEN, E. A. & TOMLIN, F. J. (1963). The effect of cold on the following response of domestic fowl. *Anim. Behav., 11,* 62-65.
SCHAEFER, H. H. & HESS, E. H. (1959). Color preferences in imprinting object. *Z. Tierpsychol., 16,* 161-172.
SCHAFFER, H. R. (1958). Objective observations of personality development in early infancy. *Brit. J. med. Psychol., 31,* 174-183.
SCHALLER, G. B. & EMLEN, J. T. (1962). The ontogeny of avoidance behaviour in some precocial birds. *Anim. Behav., 10,* 370-381.
SCHEIN, M. W. & HALE, E. B. (1959). The effect of early social experience on male sexual behaviour of androgen injected turkeys. *Anim. Behav., 7,* 189-200.
SCHNEIRLA, T. C. (1956). Interrelationships of the "innatel" and the "acquired" in instinctive behavior. In: *L'Instinct dans le Comportement des Animaux et de l'Homme.* Paris: Masson & Cie.

(1959). An evolutionary and developmental theory of biphasic processes underlying approach and withdrawal. In: Jones, M. R. (Org.). *Nebraska Symposium on Motivation*. Lincoln, Neb.: University of Nebraska Press.
SCHOOLAND, J. B. (1942). Are there any innate behavior tendencies? *Genet. Psychol. Monogr.*, 25, 219-287.
SCOTT, J. P. (1945). Social behavior, organization and leadership in a small flock of domestic sheep. *Comp. Psychol. Monogr.*, 18, 1-29.
(1958a). *Animal Behavior*. Chicago: University of Chicago Press.
(1958b). Critical periods in the development of social behavior in puppies. *Psychosom. Med.*, 20, 42-54.
(1962). Critical periods in behavioral development. *Science*, 138, 949-958.
SCOTT, J. P., FREDERICSON, E. & FULLER, J. L. (1951). Experimental exploration of the critical period hypothesis. *Personality*, 1, 162-183.
SCOTT, J. P. & MARSTON, M. V. (1950). Critical periods affecting the development of normal and mal-adjustive social behavior in puppies. *J. genet. Psychol.*, 77, 25-60.
SHIPLEY, W. U. (1963). The demonstration in the domestic guinea pig of a process resembling classical imprinting. *Anim. Behav.*, 11, 470-474.
SIEGEL, A. I. (1953). Deprivation of visual form definition in the ring dove. I. Discriminatory learning. *J. comp. physiol. Psychol.*, 46, 115-119.
SLUCKIN, W. (1960). Towards a theory of filial responses. *Bull. Brit. psychol. Soc.*, N° 40, 5A.
(1962). Perceptual and associative learning. *Symp. zoo. Soc. Lond.*, N° 8, 193-198.
SLUCKIN, W. & SALZEN, E. A. (1961). Imprinting and perceptual learning. *Quart. J. exp. Psychol.*, 13, 65-77.
SLUCKIN, W. & TAYLOR, K. F. (1964). Imprinting and short-term retention. *Brit. J. Psychol.*, 55, 181-187.
SMITH, F. V. (1960). Towards a definition of the stimulus situation for the approach response of the domestic chick. *Anim. Behav.*, 8, 197-200.
(1962). Perceptual aspects of imprinting. *Symp. zoo. Soc. Lond.*, N° 8, 171-191.
SMITH, F. V. & BIRD, M. W. (1963). Varying effectiveness of distant intermittent stimuli for the approach response in the domestic chick. *Anim. Behav.*, 11, 57-61.
SMITH, F. V. & HOYES, P. A. (1961). Properties of the visual stimuli for the approach response in the domestic chick. *Anim. Behav.*, 9, 159-166.
SPALDING, D. A. (1873). Instinct, with original observations on young animals. *Macmillan Magazine*, 27, 282-293. Reprinted in 1954 in *Brit. J. anim. Behav.*, 2, 2-11.
SPITZ, R. A. & WOLFE, K. M. (1946). The smiling response: a contribution to the ontogenesis of social relations. *Genetic. Psychol. Monogr.*, 34, 57-125.
STANLEY, W. C., CORNWELL, A. C., POGGIANI, C. & TRATTNER, A. (1963). Conditioning in the neonatal puppy. *J. comp. physiol. Psychol.*, 56, 211-214.

STEVEN, D. M. (1955). Transference of "imprinting" in a wild gosling. *Brit. J. anim. Behav., 3,* 14-16.
STONE, C. P. (1929a). The age factor in animal learning. I. Rats in the problem box and the maze. *Genet. Psychol. Monogr., 5,* 1-130.
(1929b). The age factor in animal learning. II. Rats in multiple light discrimination box and a different maze. *Genet. Psychol. Monogr., 6,* 125-202.
TAYLOR, K. F. & SLUCKIN, W. (1964a). Flocking of domestic chicks. *Nature, 201,* 108-109.
TAYLOR, K. F. & SLUCKIN, W. (1964). An experiment in tactile imprinting. *Bull. Brit. psychol. Soc., 17,* N° 54, 10A.
THOMPSON, W. R. & HERON, W. (1954a). The effect of restricting early experience on the problem-solving capacity of dogs. *Canad. J. Psychol., 8,* 17-31.
(1954b). The effect of early restriction on activity in dogs. *J. comp. physiol. Psychol., 47,* 77-82.
THOMPSON, W. R. & MELZACK, R. (1956). Early environment. *Sci. Amer., 194,* 38-42.
THORPE, W. H. (1944). Some problems of animal learning. *Proc. Linn. Soc. Lond., 156,* 70-83.
(1951). The learning abilities of birds. Part 2. *Ibis, 93,* 252-296.
(1954). The process of song-learning in the chaffinch as studied by means of the sound spectrograph. *Nature, 173,* 465-569.
(1955). The nature and significance of imprinting. *Brit. J. anim. Behav., 3,* 121.
(1956). *Learning and Instinct in Animals.* London: Methuen. Second edition: 1963.
(1961). Sensitive periods in the learning of animals and men: a study of imprinting with special reference to the induction of cyclic behaviour. In: Thorpe, W. H. and Zangwill, O. L. (Orgs.). *Current Problems in Animal Behaviour.* Cambridge: C. U. P.
TINBERGEN, N. (1951). *The Study of Instinct.* Oxford: Clarendon Press.
(1958). *Curious Naturalists.* London: Country Life.
VERPLANCK, W. S. (1957). A glossary of some terms used in the objective science of behavior. *Psychol. Rev. Suppl., 64,* N° 6, Part 2.
VINCE, M. A. (1958). "String-pulling" in bords. 2. Differences related to age in greenfinches, chaffinches and canaries. *Anim. Behav., 6,* 53-59.
(1959). Effects of age and experience on the establishment of internal inhibition in finches. *Brit. J. Psychol., 50,* 136-144.
(1960). Developmental changes in responsiveness in the geat tit. *Behaviour, 15,* 219-243.
(1961). Developmental changes in learning capacity. In: Thorpe, W. H. and Zangwill, O. L. (Orgs.). *Current Problems in Animal Behaviour.* Cambridge: C. U. P.
WALK, R. D. (1960). Responses of dark- and light-reared rats to stimulus change. *J. comp. physiol. Psychol., 53,* 609-611.
WALK, R. D., GIBSON, E. J., PICK, H. L. JR. & TIGHE, T. J. (1959). The effectiveness of prolonged exposure to cutouts vs. painted patterns for facilitation of discrimination. *J. comp. physiol. Psychol., 52,* 519-521.

WALLER, P. F. & WALLER, M. B. (1963). Some relationships between early experience and later social behavior in ducklings. *Behavior, 20,* 343-363.
WEIDMANN, U. (1956). Some experiments on the following and flocking reaction of mallard ducklings. *Brit. J. anim. Behav.,* 4, 78-79.
(1958). Verhaltensstudien an der Stockente. II. Versuche zur Ausloesung und Praegung der Nachfolge- und Anschlussreaction. *Z. Tierphychol., 15,* 277-300.
WHITMAN, C. O. (1919). The behavior of pigeons. In: Carr, H. A. (Org.). *Orthogenetic Evolution of Pigeons, Vol. 3.* Washington: Carnegie Institution.
WOOD-GUSH, D. G. M. (1950). The effect of experience on the mating behaviour of the domestic cock. *Anim. Behav., 6,* 68-71.
YARROW, L. J. (1961). Maternal deprivation: toward an empirical and conceptual re-evaluation. *Psychol. Bull., 58,* 459-490.

Índice de Nomes

A

Abercrombie, 77-78, 126, 149
Ahrens, R., 145, 149
Ainswort, M., 144, 150
Alley, R., 14, 60, 84, 107, 132, 149
Alport, G. W., 24
Altmann, M., 17, 149
Antonitis, J. J., 93, 149

B

Baer, D. M., 73, 129, 149
Baerends, J. P., 132, 149
Baerends-van Roon, J. M., 132, 149
Bambridge, R., 69, 149
Barnett, S. A., 45, 111, 149
Baron, A., 62, 93, 149
Beach, F. A., 139, 142, 149, 155
Bell, R. W., 139, 151
Bexton, W. H., 130, 150
Biel, W. C., 115, 150
Bindra, D., 110, 150
Bingham, W. E., 128, 150
Binks, C., 115, 155
Bird, M. W., 33, 40, 159
Boston, M., 144, 150
Bowlby, J., 23, 136, 144-147, 150
Boyd, H., 13-14, 30-31, 39, 54, 56, 60, 84-85, 90, 107, 132, 149, 151

Brett, G. S., 9, 150
Broadbent, D. E., 110, 150
Brodbeck, A. J., 134, 145, 150
Bugelski, B. R., 113, 150
Bühler, C., 10
Burton, M., 80
Butler, R. A., 29, 130, 150

C

Campbell, B. A., 96, 127, 150
Candland, D. K., 96, 150
Carr, H. A., 12, 65, 150
Casler, L., 140, 150
Chevalier, J. A., 139, 156
Clarke, A. D. B., 114
Cofoid, D. A., 48, 150
Collias, E. C., 13, 35, 39, 151
Collias, N. E., 13-14, 17, 22, 35--36, 60, 80, 151
Conger, J. J., 157
Cornwell, A. C., 115, 159
Craig, W., 12, 24, 64
Cushing, J. E., 13, 60, 151
Curtis, B., 132

D

Dember, W. N., 45, 151
Benenberg, V. H., 138-139, 151
Doane, B. K., 30, 154
Dollard, J., 145, 159
Drever, J., 129

E

Earl, R. W., 45, 151
Emlen, J. T., 42, 100-102, 158

F

Fabricius, E., 6, 13, 26, 30-32, 35, 39, 54, 56, 60, 64, 66, 84, 90, 95, 99, 107, 120, 151
Fantz, R. L., 41, 151
Fisher, E. A., 70, 142, 151
Forgays, D. G., 83, 128, 138, 151
Forgays, J. W., 128, 138, 151
Forgus, R. H., 128, 138, 151
Foss, B. M., 125, 152
Fredericson, E., 82, 134, 159
Freud, S., 24, 81
Frisch, O. V., 65, 152
Fuller, J. L., 82, 134, 159

G

Gibson, E. J., 78, 128, 152
Gibson, J. J., 128, 152
Glanzer, M., 111, 152
Godwin, E., 31, 76, 154
Gogel, W. C., 40, 154
Goldfarb, W., 144, 152
Goodwin, D., 65-66, 152
Gottlieb, G., 36, 37-39, 74-75, 79-80, 88-90, 97, 120, 152, 155
Grabowski, U., 16, 152
Gray, P. H., 9, 30, 42-43, 60, 73, 77, 86, 100, 129, 136, 142, 149, 152
Greenberg, B., 132, 152
Griffiths, W. J., 128, 150
Guhl, A. M., 34, 153
Guiton, P., 26, 55, 57, 61-62, 64, 67-69, 90, 93, 96, 102, 107, 153

H

Haldane, J. B. S., 4
Hale, E. B., 69-70, 142, 151, 153, 158
Halikas, N., 104, 157
Harlow, H. F., 22, 25-29, 82, 94-95, 106, 111, 130, 135, 138, 141, 144-147, 153
Harlow, M. K., 82, 130, 141, 153

Hayes, W. N., 46, 153
Heath, E. S., 130, 153
Hebb, D. O., 105, 113-114, 117, 130, 138, 153
Hediger, H., 16, 66, 154
Heinroth, K., 66, 154
Heinroth, O., 8-10, 12, 66, 154
Heron, W., 128, 130, 138, 150, 154, 160
Hersher, L., 96, 131, 154
Hess, E. H., 6, 14, 17-19, 26-27, 31-32, 40-43, 55, 61, 63, 65, 71-73, 74-76, 77-78, 85-88, 96, 99, 106, 119-121, 123, 124, 134, 143, 154-156, 158
Hilgard, E. R., 122, 154
Hinde, R. A., 6, 14-19, 30-32, 43-44, 48, 56, 64, 83-84, 95--101, 106, 119, 122-124, 143, 154-155
Honig, W. K., 48, 150
Howard, K. I., 30, 100, 152
Hoyes, P. A. 33-34, 40, 56, 159
Hull, C. L., 109
Hymovitch, R., 128

J

James, H., 33-35, 51, 61, 74, 77-78, 86, 91, 96, 115, 119, 125-126, 149, 155
James, W., 5-8, 155
Jaynes, J., 15, 25, 26, 32, 39, 48-50, 55, 57, 64, 74, 85-86, 96, 107, 139, 149, 155
Joos, M., 17, 22, 36, 151

K

Kagan, J., 142, 155, 157
Kantrow, R. W., 115, 155
Karas, G. G., 139, 151
Kaufman, I. C., 43-44, 96-97, 155
Kear, J., 66, 155
King, J. A., 139, 155
Kish, G. B., 62, 93, 149
Klopfer, P. H., 15-16, 37-40, 61, 79, 90, 120, 126, 141, 152, 155
Korchin, S. J., 139, 156
Kovach, J. K., 124, 156
Kruijt, J. P., 70, 142, 156

L

Lee, S. G. M., 134
Leroy, C. G., 9, 156
Levine, S., 83, 138-140, 156
Lorenz, K., 8-13, 15, 35, 47, 56, 59, 66, 83, 85, 120, 141, 156
Luria, A. R., 117, 156

M

Mace, C. A., 23, 156
Marquis, D. G., 122, 154
Marston, M. V., 82, 115, 159
McClearn, G. E., 130, 153
McDougall, W., 24
Melzack, R., 105, 138, 156, 160
Menzel, E. W., 105, 156
Meyer, D. R., 130, 153
Miles, R. C., 29, 130, 156
Miller, N. E., 108-109, 145, 151, 156
Moltz, H., 18, 25, 34-35, 48-51, 56, 73-74, 83, 91-93, 96-97, 104-105, 108-110, 119-120, 157
Montgomery, K. C., 105, 130, 157
Moore, A. V., 96, 131, 154
Morgan, C. T., 120, 157
Mowrer, O. H., 108, 122, 157
Munn, N. L., 115, 157
Murphy, G., 23-25, 81, 157
Mussen, P. H., 144, 157

N

Nabokov, V., 147
Nice, M. M., 13, 30, 49, 56, 59, 157
Nicolai, J., 66, 157
Nissen, H. W., 24, 129, 142, 157
Noble, G. K., 132

P

Pattie, F. A., 53-55, 59, 62, 157
Pavlov, I. P., 109
Peters, R. S., 9, 157
Pick, H. L., 78, 152
Pickleman, J. R., 127, 150
Pitz, G. F., 44, 103, 157
Poggiani, C., 115, 159
Polt, J. M., 31, 76, 154
Pumphrey, R. J., 34, 158

R

Raeber, H., 65, 158
Ramsey, A. O., 6, 13-14, 26-27, 30-31, 55, 60-61, 88, 99, 106, 151, 158
Ratner, S. C., 107, 158
Read, J. M., 83, 128, 151
Reimarus, 9
Rheingold, H. L., 125, 145, 158
Rice, C. E., 75-76, 158
Richmond, J. B., 96, 131, 154
Riesen, A. H., 117, 158
Rosenblum, L., 25, 50-51, 73, 104, 157
Rosenbluth, D., 144, 150
Rose, R. B., 44, 103, 157
Russell, W. R., 114, 158

S

Salk, L., 28, 143, 158
Salzen, E. A., 18, 25, 26, 32, 36, 39, 42, 44, 51-52, 57, 61, 73, 76, 78, 90-91, 96, 100-103, 105, 106-108, 110, 119, 125, 128, 135-136, 145, 158
Schaefer, H. H., 31, 41, 85, 154, 158
Schaffer, H. R., 146, 158
Schaller, G. B., 42, 100-101, 158
Schein, M. W., 69, 153, 158
Schneirla, T. C., 21, 34, 83, 92, 158
Schooland, J. B., 59, 159
Schreiner, O., 147
Scott, J. P., 16, 63-64, 82, 115, 132, 134-135, 141-144, 145, 159
Scott, T. H., 130, 150, 154
Shipley, W. V., 17, 159
Siegel, A. I., 128, 159
Sluckin, W., 18, 25, 26, 32, 36, 39, 42, 51-52, 55-59, 61-62, 73, 83, 90-91, 93-97, 100-103, 107, 119, 124-125, 127-128, 135, 159-160
Smith, F. V., 33-34, 37, 40, 56, 75, 159
Spalding, D. A., 4-8, 9, 14, 99-100, 159
Spitz, R. A., 136, 146, 159
Stanley, W. C., 115, 159

Stettner, L. J., 73, 92-93, 96, 105, 157
Steven, D. M., 65, 160
Stone, C. P., 115, 160
Stuart, E. A., 130, 153

T

Taylor, A., 78
Taylor, K. F., 26, 55, 57-59, 62, 78, 95, 124-125, 127, 135, 159-160
Thompson, W. R., 105, 107, 128, 138, 158, 160
Thorndike, E. L., 109
Thorpe, W. H., 6-8, 14-18, 30-32, 48, 56, 64, 77, 84, 96, 99, 114, 122, 132, 155, 160
Tighe, T. J., 78, 152, 160
Tinbergen, N., 29, 132, 160
Tomlin, F. J., 44, 110, 158
Trattner, A., 115, 159

V

Verplanck, W. S., 99, 160
Vince, M. A., 14-15, 30-32, 48, 56, 64, 84, 96, 99, 114, 116-117, 122, 131, 155, 160

W

Walk, R. D., 78, 128, 130, 152, 160
Waller, M. B., 94-96, 161
Waller, P. F., 94-96, 161
Warren, J. M., 46, 153
Watson, J. B., 109
Weidmann, U., 30, 32, 60, 96-97, 107, 161
Whitman, C. O., 12, 24, 64, 161
Wolfe, K. M., 136, 146, 159
Wood-Gush, D. G. M., 70, 161

Y

Yarrow, L. J., 140, 161

Z

Zimmermann, R. R., 22, 25-27, 106, 153

Índice de Assuntos

A

Abetouro, 66
Acompanhamento, respostas de, 4-8, 29-46, 83-88
Afastamento, respostas de, 21, 99
Alces americanos, 17
Altrícias (espécies), definição, 3
Angústia, 99-112
Aprendizagem associativa, 119-122, 123
    auto-reforçada, 122
    inicial, 113-117, 137-141
    não-associativa, 121
    não-reforçada, 121-122
    perceptiva, 128
    por exposição, 18, 128-131, 134-135
    teoria da, 108-110
Aproximação, respostas de, 12, 21, 24, 29-46, 83-88

B

Búfalo, 17

C

Cabra, 131
Cacatua, 66
Cães, 63-64, 82, 105, 115, 134, 144
Cãezinhos, *ver* Cães
Camundongos, 53, 139
Canalização, 24
Canário, 116-117
Carneiros, 16, 82, 132, 144
Carqueja, 6, 14, 30-31, 48, 56, 84, 132
Chimpanzé, 105, 141-142
Cichlids, 132-133
Cisnes, 8
Cobaia, 17
Codorniz, 13, 60, 100
Comportamento exploratório, 24, 44-46
    instintivo, 5-8, 23, 29-30, 40, 145
Condicionamento, 11, 115-117, 120, 122, 123, 125-128
Congelamento, resposta de, 107
Contentamento, pios de, 22
Coruja, 66
Corvo, 66
Crianças, 27, 28, 117, 143-147

D

Desenvolvimento, idade de, 89-90
Diferenças individuais, 39-40
Domesticação, 79-80

E

Efeito, lei do, 109-110
Emu, 66
Esforço, lei do, 72-76

Espectografia acústica, 22, 36
Estampagem
  a objetos estacionários, 34, 77-79
  comportamento semelhante a, 131-136
  descrições iniciais das características, 9-10, 11-12, 16
  e aprendizagem, 10, 17, 122-125
  e castigo, 123-124
  e condicionamento, 11, 122, 124-128
  e medo, 106-112
  e remédios, 76
  em seres humanos, 27-28, 142-144
  origem do termo, 9-10
  reversibilidade-irreversibilidade, 10-11, 16, 56-59
  sexual, 13, 64-70, 123, 142
  testes de, 24, 25-27, 47-57
Estimulação intermitente:
  auditiva, 35-38
  visual, 32-35
Estímulo, discriminação de, 53-56
  generalização de, 48-50, 121-122
Etologia, estudos de, 8-9, 29
Experiência inicial, 137-147
  primazia da, 123

F

Faisão, 13, 60
Figura e fundo, 101-106
Frangos-d'água, 6, 30-31, 48, 56, 84

G

Gafanhoto, 17
Galinha,
  doméstica, 4-7, 13-14, 22, 30-34, 35-44, 48-63 67-70 74-80, 85-87, 90-94, 99-104, 106-108, 115, 125-128, 142
  selvagem, 65, 70
Ganso, gansinhos, 8-9, 11-12, 30, 65-67, 100-101
Garça, 65

Gomos, 114
Gralha, 11, 66

H

Hábito, 4-6
Hormônio, injeções de, 69

I

Imobilidade, respostas de, 107-108
Impulsos primários e secundários, 108-112, 129

M

Macacos, 22-24, 82, 94, 130, 135, 141-142, 144
Mãe de arame, 23
Mãe de pano, 23
Malard, ver Patos
Medo, 5-6, 14, 96-97, 99-112
Moradia, ambiente de, 76-79, 141
Movimento de sujeito, ver Esforço, lei do

N

Necessidades, 24, 81-82, 129-131
Nidículos (pássaros), 66
Nidífugos (pássaros), 3, 8, 30, 136

O

Objetos em movimento, 21, 31-32
Oscilação, 33-34

P

Padejador, ver Patos.
Pais, modelos de, 30-31
Papagaio, 66
Pardal (chipping), 141
  de bico grosso, 66
Patos, patinhos, 6-8, 13-14, 30-32, 35-40, 48-51, 54-56, 59-62, 67, 73-76, 79, 84, 87-92, 99-100, 104

Pavão, 66
Pécten, 34
Pedofilia, 147
Período crítico, 7, 10-12, 81-84, 88-91
    sensível, 81-97, 122
Periquitos australianos, 55-56
Perus, 13-14, 60, 65, 69, 100
Pigeons, 64-66
Pios de infelicidade, 22
Pisca-pisca, 51
Pisco chilreiro, 66
Pombos, 64-67
Precoces (espécies), definição, 3
Preferências inatas, 40-43
Privação maternal, 144-145
    sensorial, 90-95, 146

R

Ratos, 78, 115-117, 130, 139--140, 142
Reforço, 22, 119-125
Respostas filiais, 29-38, 43-44

S

Sinais, estímulos de, 29
Socialização, 14, 59-64, 95, 134--136, 140-142
Sorriso, 136, 142, 145, 146

T

Tartaruga, 66
Tentilhão (chaffinch), 67, 116
Timidez, desenvolvimento da, 99-101

U

Ungulados, 3

V

Verdilhão, 116
Vespas, 133-134

Z

Zebra, 17

COLEÇÃO ESTUDOS

1. *Introdução à Cibernética*, W. Ross Ashby
2. *Mimesis*, Erich Auerbach
3. *A Criação Científica*, Abraham Moles
4. *Homo Ludens*, Johan Huizinga
5. *A Lingüística Estrutural*, Giulio Lepschy
6. *A Estrutura Ausente*, Umberto Eco
7. *Comportamento*, Donald Broadbent
8. *Nordeste 1817*, Carlos Guilherme Mota
9. *Cristãos-Novos na Bahia*, Anita Novinsky
10. *A Inteligência Humana*, H. J. Butcher
11. *João Caetano*, Décio de Almeida Prado
12. *As Grandes Correntes da Mística Judaica*, Gershom Scholem
13. *Vida e Valores do Povo Judeu*, Cecil Roth e outros
14. *A Lógica da Poesia*, Kaethe Hamburger
15. *Sociodinâmica da Cultura*, Abraham Moles
16. *Gramatologia*, Jacques Derrida
17. *Estampagem e Aprendizagem Inicial*, W. Sluckin
18. *Estudos Afro-Brasileiros*, Roger Bastide
19. *Morfologia do Macunaíma*, Haroldo de Campos
20. *A Economia das Trocas Simbólicas*, Pierre Bourdieu
21. *A Realidade Figurativa*, Pierre Francastel

SÍMBOLO S.A. INDÚSTRIAS GRÁFICAS
Rua General Flores, 518 522 525
Telefones 51 6173 51 7188 52 9347
São Paulo   Capital   Brasil